*»Good music is good no matter
what kind of music it is.«*
Miles Davis

Udo Sailer

# Die Musik-Hure

Ein Musiker zwischen
Showgrößen, Politikern, Kapitänen, Comedians,
Tunten, Urzeit-Clones, Triebtätern, Agenten
und anderen Ungereimtheiten

Bibliografische Information der Deutschen Nationalbibliothek: Die Deutsche Nationalbibliothek verzeich-
net diese Publikation in der Deutschen Nationalbiblio-
grafie; detaillierte bibliografische Daten sind im Internet über http://dnb.dnb.de abrufbar.

© 2019 Udo Sailer

Umschlag, Illustration: Udo Sailer

Lektorat, Korrektorat: Lektormeister

Portraitfoto: Detlef Oertel

Herstellung und Verlag: BoD – Books on Demand,
Norderstedt

ISBN: 978-3-7481-6292-6

# INHALTSVERZEICHNIS

# VORWORT

Wenn einem Tunten »die Titten um die Ohren hauen« oder der bekannte Italo-Schlagersänger mit der Frau des Bundespräsidenten auf dem Tisch tanzt, sich Musiker gegenseitig mit dreißig Flaschen Champagner überschütten; wenn Menschen stundenlang rückwärts durch die Gegend rollen oder der Sänger »unten ohne« auf der Bühne steht, ist man entweder reif für die Zwangsjacke oder man schreibt ein Buch.

Viele delikate Geschichten um mehr oder weniger prominente Wegbegleiter, aber auch die kleinen, wichtigen und unwichtigen Begebenheiten, die sich auf der Bühne, meistens jedoch vom Publikum kaum wahrgenommen, abgespielt haben, waren es mir wert, festgehalten zu werden.

Die lange Reise als professioneller Musiker im Showbusiness bescherte mir eine Reihe von überraschenden und teilweise denkwürdigen

Augenblicken.

Als »Musik-Hure« spielt man für Geld einfach alles, jede Stilrichtung und schlittert dadurch im Laufe seines Musikerlebens in ungeheuerliche Situationen, die manchmal so haarsträubend sind, dass man glauben könnte, Quentin Tarantino stehe um die Ecke und führe Regie – zugegebenermaßen verlief alles etwas unblutiger.

Musiker verüben außerdem Dinge, die anderen Menschen nie und nimmer in den Sinn kämen. Es ist ein absurdes, immerwährendes Ausloten des Lebens und dessen täglicher Wahnsinn.

Alle Prominenten, mit denen ich zu tun hatte, die aber nicht in diesem Buch vorkommen, haben schlichtweg ihre Arbeit gemacht, mehr oder weniger professionell, jedoch ohne besondere Vorkommnisse oder Highlights.

Ansonsten ist alles auch wirklich so passiert wie im Folgenden beschrieben.

*Für Annette*

# CHAOS IN DER WESTFALENHALLE

## CATERINA VALENTE,
## GUNTER GABRIEL UND ALBANO

Es war Ende der 80er Jahre. Ich war mit dem »Orchester Günther Beer« unterwegs und wir hatten viele Auftritte in ganz Europa. Die Band war hervorragend organisiert und wir hatten erstklassige Musiker am Start. Unsere Road-Crew war ein eingespieltes Team und absolut zuverlässig. So war es möglich, dass wir sehr schnell auf Wünsche und Anfragen von Veranstaltern reagieren konnten, wie beispielsweise in folgendem Fall.

Am Abend während eines Auftritts verkündete Günther, unser Chef, es sei gerade eine kurzfristige Buchung dazugekommen und dass es uns am morgigen Tag vergönnt sei, in der Dortmunder Westfalenhalle Caterina Valente zu begleiten. Es war das erste Mal, dass wir mit ihr zu tun hatten.

Am nächsten Nachmittag standen wir, wie

zu erwarten, pünktlich auf der Bühne. Unsere Roadies hatten wieder alles perfekt arrangiert und der Soundcheck mit der hauseigenen Technik war abgeschlossen. Wir waren guter Dinge, als Caterina Valente zur Probe kam. Sie drängte sich ohne Begrüßung zwischen uns durch nach vorne an den Bühnenrand zu dem für sie vorgesehenen Mikrofon, drehte uns ihren Rücken zu und schaute in die leere Halle.

Valentes Bruder, Silvio Francesco, ihr musikalischer Leiter, packte die Noten aus und verteilte sie an uns Musiker. Die Probe verlief ohne besondere Vorkommnisse. Mozarts »Alla Turca«, »The Breeze And I«, Leonard Bernsteins »Maria« und »Island In The Sun« waren einige der Songs. Man war gehalten aufzupassen, aber die Show war kein Hexenwerk.

Am Abend hatte die SPD zu einer Wahlveranstaltung geladen. Zwischen zehn- und zwanzigtausend Leute waren gekommen. Die Halle war voll bis unters Dach. Willi Brand, Hans-Jochen Vogel, Johannes Rau und weitere Prominenz saßen an vorderster Front vor der Bühne.

In unserer Band spielten einige amerikanische Kollegen, die es gewohnt waren, dem Dirigenten blind zu folgen, was grundlegend korrekt ist. Andererseits gibt es aber Situationen, in denen diese kritiklose Haltung konfliktbehaftet ist. Man kann das vergleichen mit dem militärischen Befehl, bei Rot über die Ampel zu fahren. Tue ich es, breche ich ein Gesetz, tue ich es nicht, ist es Befehlsverweigerung und somit ebenso eine Straftat.

Es kam der Moment, als Caterina Valente angekündigt wurde. Wir waren bereit, aber es lag eine gewisse Anspannung im Raum. Silvio Francesco zählte gleich das erste Stück falsch vor. Ein Hinweis für Musiker: Er verwechselte 4/4-Takt mit »alla breve« und meine augenblickliche Vorahnung sollte leider direkt eintreffen. Unsere Amis folgten dem Vorzähler und spielten somit im halben Tempo. Korrekt laut Dirigenten, aber trotzdem falsch. Alle anderen waren genötigt mitspielen.

Ein Stück in der vollbesetzten Westfalenhalle abzubrechen und nochmal von vorne anzufangen, war ein in höchstem Maße prickelndes Erlebnis. Die Valente stoppte den Song, wusste aber, dies vorteilhaft in Szene zu setzen: »Meine Herren, das war ja wohl nichts, bitte nochmal von vorne!« Man konnte dies in der ganzen Halle hören. Ihr Bruder zählte daraufhin, nach zweimal Durchatmen, korrekt vor und alles funktionierte wie geprobt.

Dieser Abend war eine Folge von Desastern. Der Weltstar am Mikro sang im weiteren Verlauf »Maria« aus der West Side Story, nur von mir am Piano begleitet. Um der Größe der Westfalenhalle gerecht zu werden, hatten die hauseigenen Techniker eine Nebelmaschine unweit von mir aufgestellt, mitsamt dazugehörigem, überdimensionalem Ventilator, der gewiss anderthalb Meter im Durchmesser hatte. Passend zu dem beschaulichen Stück warfen sie diesen an und benebelten die Bühne. Leider drohten durch den immensen Luftzug meine Noten wegzufliegen. Im letzten Moment konnte ich sie gerade noch mit der linken Hand festhalten. Mit der Rechten spielte ich weiter und rief gleichzeitig den Technikern nach hinten zu: »Aus - aus – aus!« Es dauerte unerträglich lange, bis sie reagierten, aber anstatt den Ventilator auszuschalten, schalteten sie meinen Monitorlautsprecher aus, sodass ich keine Chance mehr hatte, die Solistin zu hören. Sie war ja mindestens zehn oder fünfzehn Meter von mir entfernt.

Es lag in der Natur der Sache, dass bei solch unschönen Verkettungen, Teile des Klavierparts fehlten. Die rechte Gehirnhälfte steuerte eine Hand und die Zurufe an die Techniker, während sich die linke dem Schutzmechanismus für die Noten und dem Hören der Sängerin gewidmet hatte – oder umgekehrt. Außerdem musste ich noch Noten lesen. Wir alle wissen, dass Multitasking bei Männern nicht funktioniert – schon gar kein Fünffaches. Ich habe es mehr schlecht als recht hinbekommen, aber ich hätte keine Aufzeichnung davon hören wollen.

Nach einer Weile schafften es die Techniker, den Ventilator auszuschalten und den Monitor wieder an. »Maria« war inzwischen zu Ende. Eigentlich ein schönes Lied.

Die Sängerin hatte, mit Ausnahme meiner freien Interpretation ihrer Noten, von dieser zirkusreifen Vorstellung im Hintergrund nichts mitbekommen.

Die Kette der unglücklichen Ereignisse riss nicht ab, denn wir hatten gleich nach Caterina Valente die Aufgabe, den Countrysänger Gunter Gabriel zu begleiten. Dessen Noten würde ich eher Notizzettel nennen, aber weil die Stücke äußerst schlicht daherkamen, ließ sich der fehlende Rest spielend dazu erfinden.

Inmitten seines Auftritts schrien die Leute im Saal: »30-Tonner Diesel«. Sein größter Hit war gefordert. Er war auch gewillt, dem Wunsch zu entsprechen, hatte aber leider dafür gar keine Noten, nicht einmal einen seiner Zettel und niemand von uns kannte das Stück. Man hatte es zwar schon im Radio gehört, aber keiner konnte sich daran erinnern. Playbacks waren damals tabu.

Gesagt, getan. Gabriel fing allein an auf seiner Gitarre und wir spielten beherzt mit, ohne Noten und plötzlich erneut ohne Monitorboxen. Diese waren zum wiederholten Mal ausgefallen – die Tonanlage hatte übrigens einen Wert von ca. 3 Mio. DM. Der Sänger war nicht mehr zu hören, was unter diesen Umständen eine Katastrophe war. Keiner hatte einen Plan von dem Lied. Wir spielten zwar schon, konnten aber ohne Melodie nicht ahnen, welcher Akkord soeben an der Reihe war.

Vor uns, links und rechts der Bühne, waren zwei riesige, transparente Leinwände installiert, mit einer Großübertragung des Bühnengeschehens für die gigantische Halle. Von unserer Position aus konnten wir das Gezeigte mitverfolgen. Volker, der Bassist, rettete letztendlich die Situation, indem er die Gitarrengriffe über den Blick auf die Leinwände, im Übrigen seitenverkehrt und von hinten, deuten konnte und uns folglich die korrekten Akkorde zurief. Es hat letzten Endes passabel funktioniert, da die Kameras fast nur Gunter Gabriel mit seiner Gitarre zeigten. Am Ende war aber unsere Musik, aufgrund karger Vorlagen und fehlender Werkzeuge, hier ebenso nur mit ausreichend zu bewerten.

Albano, der danach mit seiner Frau Romina Power und eigener Band auftrat, gab noch seinen zynischen Senf dazu. Belustigt wartete er an der Treppe, als wir die Bühne verließen: »Il grande Orchestra!« Er hatte ja keine Ahnung, welch tragische Begleitumstände uns gerade durchgeschüttelt hatten. Und ich war kurz davor, außer mir zu sein.

Wie ich diesen Abend bewerten soll, ist mir heute noch nicht klar. Er hat mich aber – ohne Zweifel – zehn Jahre meines Lebens gekostet.

*

Seit ich auf der Bühne stehe, stelle ich immer wieder fest, dass die großen Künstler gemeinhin die freundlichsten sind. Je unzulänglicher sich ihre Kunst präsentiert, desto zickiger benehmen sie sich. Wurde ich hier eines Besseren belehrt oder war es schlicht nur die Ausnahme, die die Regel bestätigt?

Mir gefällt indes der Gedanke, dass es keine Ausnahme war, sondern nur das Resultat zufälliger Ungereimtheiten oder dass womöglich die Natur an diesem Tag ein paar hormonelle Querschläger bei einer Frau im besten Alter ausgelöst hatte.

Caterina Valente ist ohne Zweifel eine Ausnahmekünstlerin, eine ganz große noch dazu. Und ich möchte weiter daran glauben, dass diese Sorte zu den Guten gehört.

# PRECIOUS WILSON

# I CAN'T STAND THE RAIN

Eruption, die Band mit der jamaikanischen Sängerin Precious Wilson, unter der Ägide von Frank Farian, kamen Jahre vor Tina Turner mit diesem Song auf den Markt und landeten damit einen großen Hit.

Wir hatten das Vergnügen, des Öfteren mit Precious zu spielen. Beim ersten Zusammentreffen erfuhren wir, dass die Arrangements für zwei Keyboarder geschrieben waren, sodass wir kurzerhand eine unserer drei Sängerinnen, die ausgezeichnet Klavier spielte, einsetzten, um einen der Parts zu übernehmen. Precious' Songs waren kein Problem für sie.

Während der Probe lief alles bestens. Abends legten wir los mit der Show und spielten »I Can't Stand The Rain«. Das Stück fing an mit der bekannten Synthesizer-Melodie, die ähnlich einer Marimba, Regentropfen simulieren sollte und de facto das Erkennungsmerkmal des Songs war. Es ging los und wir warteten auf unsere Sängerin, die regungslos hinter dem Keyboard stand und nicht zu bewegen war, diese Melodie zu spielen.

Ich versuchte zu retten, was zu retten ist: Kurzerhand übernahm ich etwas verunsichert den Part, ohne Noten und ohne die Melodie genau zu kennen. Ich wusste auch nicht, wann der Part wiederholt wird und wie oft. Irgendwie schafften wir es, das Werk mit etwas Schwund in der Darbietung zu Ende zu bringen.

Die anderen Songs hatten keine solistischen Einlagen für unsere Aushilfskeyboarderin und wir waren imstande, die Show problemlos fortsetzen.

In der Garderobe wartete dann das Donnerwetter von Precious' Manager: »Die Regentropfen vom Synthesizer sind der wichtigste Bestandteil des Songs und überhaupt der ganzen Show und den habt Ihr versaut«, war die klare Ansage. Wie recht er hatte. Leider konnten wir daran nichts mehr ändern und entschuldigten uns dafür.

Unsere Sängerin erklärte mir, dass ihr dies früher in der Kirche schon passiert sei. Sobald sie ein Solo vor Publikum vorzutragen hatte, war sie vollkommen blockiert und nicht mehr in der Lage, zu spielen – hätten wir das mal nur früher gewusst.

Beim nächsten Auftritt engagierten wir einen befreundeten Keyboarder und alles war so, wie es sein musste. Leider geschah das nur einmal.

Bei allen folgenden Auftritten bekam ich immer zwei Notenmappen hingelegt, mit der Bitte, beide Keyboardparts gleichzeitig zu spielen. Notgedrungen legte ich stets die breite Notenfront nebeneinander auf mein Pult und schielte während der Shows ständig hin und her. Beim Umblättern gab es manchmal Probleme, aber nach einiger Zeit vermochte ich Teile der Stimmen auswendig zu spielen, sodass es erträglich wurde.

Die Show machte trotzdem Spaß und der Manager war beruhigt. Alles war gut und es gab das eine oder andere Schulterklopfen, aber über eine doppelte Gage für den leidgeplagten, durch die Doppelrolle inzwischen schon schizophrenen Keyboarder sprach niemand.

Manchmal bemerkte ich verstört, dass ich während der Shows sogar mit mir selbst redete.

# MIT
# ROBERTO BLANCO
# UNTERWEGS

# HOCHMUT KOMMT
# VOR DEM FALL

Künstlerbegleitungen und dazugehörige Proben bei Veranstaltungen sind üblicherweise vertraglich geregelt. Bob Blumenhofen war in den 90ern Roberto Blancos musikalischer Leiter und Schlagzeuger. Man nannte ihn auch den deutschen Buddy Rich (einer der besten Schlagzeuger der Welt mit beeindruckender Technik), da er dessen Stil spielte und haargenau so aussah. Er war verantwortlich dafür, dass in der Show nichts schiefging, und war somit den Bands gegenüber auch weisungsberechtigt.

Roberto hatte zwei Auftritte an einem Abend, sogar im selben Gebäude. Mit uns im kleinen Saal, mit einer Bigband im großen. Da wir sehr oft mit ihm unterwegs waren, konnten wir uns die Probe sparen.

Also, ging Bob gleich rüber zum Hauptsaal,

um sich dort der Bigband anzunehmen. Ich folgte ihm gespannt, weil ich die Arrangements einmal in großer Besetzung hören wollte – wir waren ja als Sextett unterwegs.

Schon am Saaleingang kam uns ein unbekannter, etwas großspuriger Herr mit Anzug und Krawatte entgegen und stellte sich in prätentiösem Ton vor: »Hallo, ich bin der Manager der Bigband. Wir treten international auf. Bei uns spielen die allerbesten Musiker und wir haben alle Stars begleitet, außerdem...« Bob unterbrach ihn: »Ich teile dann erstmal die Noten aus.«

Zu meiner stillen Erheiterung setzte er sein originales Buddy-Rich-Pokerface auf, verteilte die Orchesterstimmen und begab sich dann zum Schlagzeug. Das Intro zur Show war Cabaret, ein sehr schneller Titel, jazzig und raffiniert arrangiert.

Bob zählte ein und die Band fing an zu spielen. Die Trompeten-Sektion hatte so ihre Schwierigkeiten mit den schnellen Tonfolgen. Nach acht Takten brach er ab: »Nochmal, bitte.« Erneuter Vorzähler und wiederum unterbrach er, dieses Mal aber mit einem lautstarken Schlag auf die Snare-Drum, so dass ihn alle erschrocken anstarrten. »Bitte zusammenspielen«, ließ Bob verlauten, »nochmal!«

Das Vorzählen war jetzt bedeutend eindringlicher. Die Trompeter bemühten sich, aber nun stoppte er schon nach vier Takten, indem er die Stöcke hemmungslos laut aufs Schlagzeug knallte und die Band als Sauhaufen oder ähnlich titulierte. »Ihr spielt nicht zusammen«, schrie er, worauf ein Trompeter einwarf: »Das merken wir auch, aber dann ist es schon zu spät.«

Die Probe dauerte daraufhin ganze zwei Stunden bis es hinlänglich klappte. Ohne die anfängliche Ansage des selbstgefälligen Managers hätte Bob womöglich einen etwas freundlicheren Ton angeschlagen – oder auch nicht.

# DIE LEDERGERBEREI

Bob Blumenhofen saß mit uns vorm Auftritt in einer Gaststätte, um eine Kleinigkeit zu essen.

Nach längerer Wartezeit wurde ihm ein Steak serviert, das die Konsistenz einer Schuhsohle hatte. Es war die Sorte Fleisch, die ewig im Mund verbleibt und ohne Hoffnung auf Erfolg mit den Zähnen malträtiert wird, bis sie heimlich in der Serviette landet. Einen solchen Bissen im Mund, rief er den Kellner: »Haben Sie mal 'ne Säge da?« Auf dessen Frage wieso, antwortete Bob: »Das hier ist eine Ledergerberei, kein Restaurant.«

Verhalten, mit hochgezogener Augenbraue meinte er dann zu uns: »Ich habe schon besser gegessen – aber nicht hier.«

Beim Verlassen des Lokals verabschiedete uns der Kellner mit »Auf Wiedersehen«, worauf Bob entgegnete: »Ich glaube kaum.«

# MIT OPA IM WOHNZIMMER

Wir spielten auf einem privaten Fest in einer Art größerem Wohnzimmer für ca. 30 Gäste mit einer 8-Mann Band. Drei Bläser, Percussion und Schlagzeug haben sogar ohne Verstärker eine Grundlautstärke, die leicht Wohnzimmerniveau übersteigt.

Gleich vor der Band saß schlafend ein älterer Herr. Wir spielten Robertos Opening, das naturgemäß meistens etwas energischer war. Roberto kam herein und machte lautstark Stimmung.

Der schlafende Mann wachte auf, hielt sich unvermittelt die Ohren zu und rief: »Zu laut!«, bis der Sänger vor ihm stand und ihn via Mikrofon aufforderte: »Opa, wenn Dir das zu laut ist, musst Du beim nächsten Mal ein Streichquartett bestellen.«

## DER AFFRONT DES
## FATTY GEORGE

Bob Blumenhofen erzählte einmal eine schöne Geschichte von Fatty George, dem bekannten österreichischen Jazz-Klarinettisten. Dieser spielte mit seiner Band in Düsseldorf auf einem Jazzfestival. Unter den Gästen befand sich auch der Besitzer des Tanzlokals »Stadt Wien - Ball der einsamen Herzen«. Er war von Fatty George und dessen Band so angetan, dass er diesen fragte, ob er denn mal bei ihm in seinem Lokal spielen wolle. Er würde es gerne ausprobieren, wie Jazz dort ankommt.

Die Gage stimmte und Fatty meinte: »Warum nicht?« Er sagte zu und kurz darauf trat die Band dort ihren Dienst an. Der Laden war verhältnismäßig leer und Jazz war bei den anwesenden Gästen nicht unbedingt die Musikrichtung ihrer Wahl.

Ein älterer Herr tanzte sich mit seiner

Begleiterin zur Bühne vor, holte einen 100-DM-Schein aus der Brieftasche und klebte diesen dem verdutzten Fatty George auf die verschwitzte Stirn mit den Worten: »Können Sie mal einen schönen Walzer für die Dame und für mich spielen?«

Darauf zog Fatty seine Geldbörse aus der Hose, entnahm ebenfalls einen 100-DM-Schein, befeuchtete diesen mit Spucke, klebte ihn dem Gast auf die Stirn und sagte im plattesten österreichischen Dialekt: »Hörst, geh' scheißen!«

Damit war das Engagement in diesem Etablissement beendet.

# LIVE UND SALOMONISCH

Bernie Brock aus Barcelona war, wie Bob Blumenhofen, Mitglied der ständigen Roberto Blanco-Crew und spielte Percussion. Horst, genannt »Verti«, unser Bassist, wurde von Bob immer als »Ray Brown«, einer der weltbesten Jazz-Kontrabassisten, angesprochen. Das war vergleichbar mit der Verleihung des Bundesverdienstkreuzes.

Einmal zumindest erlaubte sich Verti während des Konzertes einen kleinen Ausrutscher auf dem Bass. Bernie drehte sich zu ihm um, überlegte kurz und grübelte: »Obwohl…«, wendete sich wieder seinen Congas zu und spielte weiter.

Vermutlich war dies die Reflexion einer rasanten Serie von Denkvorgängen voller philosophischer Überlegungen. Aber es war durch die Kürze überraschend bühnentauglich – wir glauben, es war einfach ein Kompliment.

# SAMBA UND NACKTE HAUT

Wir waren mit Roberto Blanco für ein paar Konzerte auf Mallorca. Bei einem der Auftritte, wir spielten ein südamerikanisches Stück, von denen er einige im Programm hatte, erschien unvermittelt eine junge, brasilianische, außergewöhnlich schöne Tänzerin mit fast nichts an, sambatanzend auf der Bühne. Die endlos langen Beine und der augenblicklich ansteigende Testosteronspiegel führten dazu, dass keiner der Musiker mehr in die Noten schaute.

Das Chaos war vorprogrammiert und die Darbietung wies gewisse Mängel auf. Roberto drehte sich um und rief lachend: »Ihr sollt spielen, nicht gucken!«, worauf wir uns zähneknirschend wieder unserer eigentlichen Aufgabe zuwandten.

Ich glaube, wir haben danach Robertos Programm auswendig gelernt. Noten stören ohnehin beim Spielen.

# ODYSSEE IN DEN ALPEN

Das Engagement mit Roberto Blanco in Mallorca war zu Ende und wir konnten den Nachhauseweg antreten. Alle Bandmitglieder hatten Flugtickets. Die Crew, der Cheftechniker und zwei Roadies fuhren mit dem LKW. So war es geplant, bis unser Chef die glorreiche Idee hatte: Wir könnten ja in Spanien, im sonnigen Rosas, ein paar Tage Urlaub anhängen. Dazu müssten wir nur im LKW mitfahren und im Austausch dafür den Roadies unsere Flugtickets aushändigen. Das hörte sich lohnend an und ich war einverstanden.

Voller Tatendrang fuhren wir los, Günther, Stephan und ich, zu dritt, nebeneinander, vorne im LKW. Damals war ich, obwohl nicht dünn, aber doch etwas schlanker, womit es in dieser Hinsicht keine Komplikationen gab.

Mit der Fähre gelangten wir auf das spanische Festland, wo wir sofort den direkten Weg nach Rosas antraten. Guter Dinge hielten wir, dort angekommen, Ausschau nach einem Hotel. Leider befanden wir uns mitten in der Hochsaison in einem, wenn auch herrlichen, aber völlig überlaufenen Touristenort. Es war unmöglich, ein Hotel zu bekommen. Am Ende gaben wir auf, setzten uns in eine Kneipe und beratschlagten uns.

Es gab zwei Möglichkeiten, die Nacht zu verbringen: Entweder am Strand, was bei diesem fantastischen Wetter durchaus eine nennenswerte Alternative gewesen wäre, oder die Heimreise fortzusetzen und irgendwo in der Pampa ein Hotel zu suchen. Wir, vor allem Stephan, der ja schließlich fahren musste, entschlossen uns für die Weiterfahrt.

Also bestiegen wir den 7,5-Tonner und schlugen grob die Richtung nach Frankreich ein. Unterwegs hielten wir ohne Unterlass Ausschau nach einer Unterkunft. Dies war gar nicht so einfach, weil unser einziges Zahlungsmittel Günthers American Express war. Keines der in Frage kommenden Hotels akzeptierte die dort unübliche Karte, allein die Visa-Karte hätte uns weitergebracht. Euroschecks waren auch Mangelware bei uns, von Bargeld ganz zu schweigen.

Wir machten uns auf den Weg durch das restliche Spanien und kamen schließlich nachts in Frankreich an. Es ging weiter über dunkle Landstraßen, immer in der Hoffnung auf ein Hotel, das uns ohne Bargeld aufnehmen würde. Als wäre das alles nicht schon bedauerlich genug, ging langsam, aber sicher das Benzin zur Neige. Ein Alptraum. Keine Tankstelle akzeptierte American Express.

Auf einer unbefahrenen Straße passierten wir einen einsamen Landgasthof und trauten unseren Augen kaum. Am Eingang prangte ein verrostetes Email-Schild: »American Express Welcome«. Es war schon so alt, dass wir der Aussage keinen Glauben schenkten und hineingingen, um den Wahrheitsgehalt zu prüfen. Der Wirt gab uns ein positives Signal. Übernachtung wurde leider nicht angeboten. Da wir aber unsere Mägen schon an den

Kniekehlen wähnten, nahmen wir Platz und, wie sich herausstellen sollte, war das die richtige Entscheidung.

Die Menükarte bot einige kulinarische Schmankerl der Extraklasse. Wir belohnten uns für die Strapazen der Reise mit einem herrlichen Menü, gekrönt von der nachfolgenden Käseauswahl, die der Patron auf dem kleinen Wägelchen heranrollte und die ihresgleichen suchte.

Zum Bezahlen ging Günther mit dem Wirt und seiner American Express-Karte in einen Nebenraum. Es dauerte eine Weile, bis er wieder schmunzelnd an unseren Tisch kam.

Er hatte den Chef darum gebeten, ihm auf die Kreditkarte Bargeld auszuzahlen, was normalerweise nicht möglich war. Seinen Überredungskünsten sei Dank, wusste er den Maître zu überzeugen, ihm umgerechnet 300,- DM in bar auszuhändigen.

Unsere Heimfahrt war somit in trockenen Tüchern, zumindest was die Benzinkosten anging. In Ermangelung einer Unterkunft fuhren wir weiter, ohne Navi, »nur« mit Karte. Nach einigen Stunden, Stephan fuhr wie automatisiert durch Stadt und Land, kamen wir an eine Gabelung auf der Autobahn: Richtung Paris oder Grenoble/Mülhausen. Wir entschieden uns schlaftrunken für letztere, da Mülhausen ja verhältnismäßig deutsch klingt, was wir bitter bereuen sollten.

Es ging stetig aufwärts. Die Straßen wurden enger und kleiner. Der Asphalt hatte schon lange keine Pflege mehr erfahren, sodass wir stellenweise nur 20 km/h fahren konnten. Es gelang mir immer nur, fünf Minuten lang einzuschlafen, bis ich, von einem Schlagloch geweckt, brachial mit dem Kopf gegen die Kabinendecke schlug. Das wiederholte sich stundenlang. In den kurzen Wachzuständen gelang es manchmal, trotz Dunkelheit in die Ferne zu schauen und man konnte das Gebirge erkennen, durch das wir uns quälten. Es war auf jeden Fall nicht der Heimweg. Günther und Stephan amüsierten sich köstlich über meine misslungenen Schlafversuche und die zerbeulte Schädeldecke.

Nach einer Weile landeten wir sogar in einer Sackgasse, hoch oben auf dem Berg und es war erforderlich, den LKW mitten in der Nacht und ohne Straßenbeleuchtung rückwärts wieder herauszumanövrieren.

Stephan vollbrachte eine übermenschliche Fahrleistung, und machte vielleicht nur ein paar Minuten Halt hier und da.

Letztendlich fanden wir den Weg zur Autobahn und konnten unsere Odyssee wohlbehalten, aber physisch und mental am Ende, abschließen. Die Heimat hatte uns wieder und ich versprach, niemals mehr einem Roadie mein Flugticket zu überlassen.

# SLIM

# DIE GEPLATZTE HOSE

Wir schrieben das Jahr 1980. Mit unserer damals hochaktuellen Band waren wir in einer Disco in der Pfalz gebucht. Unser Frontmann, Gitarrist und Sänger war Afro-Amerikaner. Slim war sein Spitzname, weil er sehr schlank und groß war, eben »slim«.

Er sah gut aus, konnte singen und rappen. Auch sein Gitarrenspiel war akzeptabel, nur ab und zu verwechselte er die Tonarten. Für ihn waren eben Rhythmus und Show wichtiger als richtige Töne. Kein Problem für uns, solange er den Saal zum Kochen brachte.

Mit dabei waren außer mir noch ein Schweizer Schlagzeuger und ein indonesischer Bassist.

In der Disco waren wir als Show Act angekündigt. Die jungen Besucher setzten sich erwartungsvoll vor uns auf die Tanzfläche. Wir fingen an mit »Rapper's Delight«, damals ein absoluter Super-Hit und die Leute waren auch gleich aus dem Häuschen. Slim rappte und tanzte was das Zeug hielt. Sein Spagat schließlich brachte die enge, weiße Hose zwischen den Beinen zum Reißen. Dort klaffte jetzt eine riesige Öffnung.

Slim trug leider keine Unterwäsche und alles, was er hatte, fiel vorne raus. Er dachte aber nicht im Traum daran, zumindest seine Gitarre tiefer zu hängen, um etwas zu kaschieren. Im Gegenteil. Er hörte auf zu spielen, nahm sein Instrument ab und ging langsam Richtung Garderobe. »Ich habe mein Plektrum (Gitarrenplättchen) vergessen«, meinte er cool. Ok, dachten wir, er wird's schon richten. Zwei Minuten später kam er mit dem Plektrum wieder raus. Die Hose war inzwischen noch weiter aufgerissen, sodass jetzt alle im Raum sehen konnten, was er an der Stelle zu bieten hatte.

Wir sahen nur noch erstaunte Gesichter im Publikum und mussten handeln. Wegen technischer Schwierigkeiten kündigten wir eine kleine Pause an und verschwanden schnell, an den grinsenden Zuschauern vorbei, mit Slim in der Garderobe, besser gesagt, dem zweckentfremdeten Büro des Geschäftsführers.

Dort fanden wir glücklicherweise eine Rolle mit schwarzer Klebefolie, die normalerweise zum Verschönern von Möbeln dient. Kunstvoll beklebten wir Slims Unterleib, natürlich ohne Hose, sodass es an ein enges Radsport-Trikot erinnerte. Er ließ alles mit sich geschehen. Nachdem wir damit fertig waren und er vollständig eingepackt war, meinte er, er müsse jetzt auf die Toilette. Ich glaube, in diesem Augenblick habe ich meine ersten grauen Haare bekommen. Wir öffneten vorsichtig einen Teil der Folien-Corsage und ließen ihn seine Notdurft verrichten, um danach alles wieder zu verschließen.

Es war höchste Zeit, die Show fortzusetzen. Das Publikum hatte draußen geduldig gewartet. Während wir zur Bühne gingen, wurden wir jubelnd empfangen und konnten dann mit unseren brandneuen Songs wieder etwas gutmachen.

Aber bei jedem Ton betete ich, dass Slim nicht nochmal zur Toilette musste.

# SIE HABEN DAS MÄCHTIGE MEER UNTERM BAUCH

# SEEFAHRER

Die folgenden Seefahrergeschichten stammen aus der »wilden Zeit«, zwischen 1977 und 1980, fernab von Google Maps und TripAdvisor, als Kreuzfahrtschiffe noch keine Massentransporter waren und vernünftige Passagierzahlen aufwiesen. Drei Jahre lang, mit kurzen Unterbrechungen, fuhr ich als Musiker auf der Ivan Franko, der Taras Shevchenko, der Maxim Gorkiy und der Regina Maris durch die Welt.

Damit konnte man damals noch Geld verdienen, sodass es sogar möglich war, seinen Lebensunterhalt zu bestreiten. Zudem genossen wir eine kostenlose Unterkunft, Vollverpflegung und obendrein Einzelkabinen. Wir hatten zwar immer Passagierstatus, wohl aber auch die günstigen Offizierspreise an den Bars, was uns partytechnisch sehr entgegen kam.

Solche Arrangements waren damals nicht

selbstverständlich. Auf anderen Schiffen, wie z.B. der »Europa«, gehörten die Musiker zur Crew. Sie hatten keine Erlaubnis, das Passagierdeck, die Bars oder Discos zu betreten. Derartige Reisen haben wir tunlichst vermieden. Das Recht, uns frei bewegen zu dürfen, war deshalb immer Bestandteil unserer Verträge. Die einzige Ausnahme bildeten die von Neckermann Reisen gecharterten russischen Schiffe, auf denen wir, als Klassenfeinde, die Mannschaftsbereiche nicht betreten durften. Es war die Zeit des Kalten Krieges und die Staatsmacht duldete keine Freundschaften zwischen russischen Crewmitgliedern und uns. Daran haben wir uns nie gehalten, mit der bitteren Folge, dass eine russische Band in Odessa von Bord musste, nur weil die Musiker mit uns nachts Jam-Sessions im Nightclub veranstaltet haben.

Auf dem deutschen Schiff »Regina Maris« habe ich oft in der Kantine der philippinischen Besatzung oder der deutschen Seeleute gegessen, wenn ich keinen Kaviar oder Hummer

mehr sehen konnte. Hier gab es Hausmanns-
kost des jeweiligen Landes. Wenn an Deck ge-
grillt wurde, waren wir auch eingeladen.
Manchmal bekam ich direkt in der Küche ein
perfekt gebratenes Filetsteak zum Frühstück,
vom Schweizer Küchenchef persönlich zube-
reitet, vorausgesetzt er hatte Zeit dafür.

Beim Kapitänsdinner waren wir, als Gäste,
immer anwesend. Hier war zwar viel Knigge
angesagt und es war Pflicht, wie bei allen for-
mellen Anlässen, entsprechende Kleidung zu
tragen, aber die Küche entschädigte uns dabei
mit ein paar besonders einfallsreichen Gängen.
Mit der Zeit wurde aus dieser Notwendigkeit
gourmet-affiner Alltag und es fing an, Spaß zu
machen.

Wir spielten abends meistens nur drei Stunden nach dem Dinner, von 21 Uhr bis 24 Uhr,
und an Seetagen nachmittags noch eine Stunde
zum Tanztee. Unser Repertoire bestand aus
moderater Tanzmusik, Standards, Seemanns-
liedern, ein paar moderneren Songs aus den
Charts. Und da wir eine spanische Sängerin

hatten, ließen wir auch etwas Latino-Pop mit einfließen.

Wenn wir über Nacht anlegten, hatten wir fast immer frei. Die Äquatortaufe oder eine Pyjamaparty waren willkommene Abwechslungen, wenn wir den Atlantik überquerten.

In der restlichen Zeit hieß es chillen und Kräfte sammeln was das Zeug hält – für unsere Abenteuer an Land.

# DIE SCHÖNEN VON SANTOS

Die Kulisse war faszinierend, als wir anlegten im Hafen von Santos, dem größten Seehafen Brasiliens. Von schön konnte man freilich nicht sprechen. Container, soweit das Auge reichte. Man mochte dort keinen Urlaub machen.

Die meisten Passagiere unserer Kreuzfahrt nahmen deshalb an einem zweitägigen Ausflug nach São Paulo teil und wurden mit Bussen abgeholt. Folglich hatten wir Musiker zwei Tage frei, das Schiff war ja fast leer.

Ich war 23 Jahre alt und wir waren bereit, Brasilien zu erobern. Horst, Gerd, Fats, ein Freund von der mitreisenden Steelband, und ich machten uns auf den Weg nach draußen. Horst, dessen Frau auf dem Schiff als Servicekraft angeheuert hatte und an diesem Abend Dienst schieben musste, war für die Aufbewahrung unserer – wenn auch nicht sehr großen – Geldreserven zuständig, die er vorsichtshalber in seinen Schuhen deponierte. Man konnte ja nicht vorsichtig genug sein. Speziell in Hafennähe passierten immer die schlimmsten Dinge.

Eine Zeit lang mussten wir durch das riesige Hafengelände laufen, bis wir am Tor ankamen. Kaum befanden wir uns auf der anderen Seite des Gatters, hatten alle, wir konnten es selbst nicht glauben, zwei bis drei bildschöne Brasilianerinnen an jedem Arm. Sie sahen nicht aus, als kämen sie im Auftrag einer Hilfsorganisation. Alle Versuche, sie abzuschütteln, waren zwecklos. Ehrlicherweise verwendeten wir darauf auch keine allzu große Mühe.

Horst jedoch konnte sich den Zudringlichkeiten der Mädels erwehren, indem er glaubhaft beteuerte: »Ich schwul!« und dies mit ein paar tuntigen Bewegungen untermauerte. Lachend ließen sie von ihm ab.

Schnurstracks verfrachteten uns die Mädchen in eine Bar und wir gingen direkt dazu über, eine Party zu feiern. Die Stimmung stieg und alsbald flog sogar Konfetti durch die Gegend.

Eine sexy Mulattin mit dunkelroten langen Haaren und den ausdrucksvollen Gesichtszügen einer spanischen Flamenco-Tänzerin kam mir immer näher. Die tausend Gerüche um mich herum, Drinks, Hitze und Musik waren mächtige Verbündete, als mich die wie ein Gemälde anmutende Frau nach einiger Zeit fragte, ob ich ihre Wohnung sehen wolle. Ich war verständlicherweise, als kommunikationsfreudiger, weltoffener Mensch, brennend interessiert und folgte ihr in ihre geheimnisvollen Gemächer, eine Straße weiter. Unser anschließender deutsch-brasilianischer Gedankenaustausch über die Klimapolitik und das Mischungsverhältnis von Cachaça und Limettensaft im Caipirinha war erfreulich kurz, das anschließende Praktikum hingegen sehr anregend und gegenständlich.

Einige Zeit später, wir saßen beide wieder wohlbehalten in der Bar, flog plötzlich die Tür auf und Gerd stolperte aufgeregt herein: »Udo, du musst mitkommen. Sie will mich mit nach Hause nehmen, mit dem Taxi, aber allein habe ich Angst.« Auf meine Frage, was ich dabei tun sollte, rief er, schon wieder auf dem Weg nach draußen: »Einfach aufpassen!«

Wozu sind Freunde da? Ich verabschiedete mich ungern von meiner Begleiterin, stieg dann aber missmutig mit Gerd und seiner Flamme ins Taxi. Die Fahrt dauerte schätzungsweise eine halbe Stunde, als wir in einer dunklen, verlassenen Straße anhielten. Gerd hatte sich vorher von Horst sein Geld geben lassen und bezahlte den Taxifahrer.

Wir hielten vor einem heruntergekommenen Reihenhaus im Kolonialstil. Dort mussten wir auf einer alten Holztreppe hoch ins zweite Stockwerk. Die Wohnung, alt und ungepflegt, hatte hohe Decken und schätzungsweise drei oder vier Zimmer. So viel konnte man – aufgrund der fehlenden Beleuchtung – gerade noch erahnen.

Die junge Frau öffnete eine Tür und zeigte mir meine Unterkunft für die Nacht. So habe ich es jedenfalls verstanden. Gerd verschwand mit ihr in einer der anderen »Höhlen«.

Im Halbdunkel des Raumes, der Lichtschalter war nur Deko, einzig ein paar Leuchtreklamen gegenüber sorgten für verschwommene Umrisse, zog ich mich aus und legte mich auf das schmuddelige, große Bett, nachdem ich tastend die Oberfläche nach Tieren abgesucht hatte. Auf dem Rücken liegend, beobachtete ich die gespenstischen, fast unsichtbaren Ecken im Zimmer und wartete auf eine Tarantel oder einen Skorpion. Die dunkle Tapete schien alles auf ihr tarnen zu wollen. Wahrscheinlich stammte sie noch aus dem vorletzten Jahrhundert, so wie das ganze Haus. Am maroden Tisch an der Wand standen zwei alte Stühle, von denen ich einen als Kleiderständer missbraucht hatte, wie ich es gewohnt war. Was wohl unter dem Bett so alles krabbelt, dachte ich, wollte es aber nicht herausfinden und versuchte, den Gedanken daran sofort wieder zu verdrängen. Es gab eine zusammengeknüllte Decke auf der anderen Bettseite.

Zudecken mochte ich mich nicht damit, also schob ich sie mit den Füßen so weit weg, wie ich nur konnte.

Ich war müde und hatte gerade das Bedürfnis zu schlafen, als die Tür aufging. Gerds Flamme kam herein und fragte, ob ich etwas brauche. Sie war sehr attraktiv und da sie einladend leicht bekleidet war, nur mit einem Handtuch um die Hüfte, und so charmant lächelte, wusste ich nicht so recht, was ich davon halten sollte. Vorsichtshalber verneinte ich und sie verschwand wieder. Ich hatte aber bemerkt, dass ihre Blicke im Zimmer umherschweiften, als ob sie was suchen würde.

Tatsächlich gelang es mir, ein paar Stunden zu schlafen, bis mich ein verhaltenes, kaum wahrnehmbares Klopfen an der Tür weckte.

Mit einem Auge blinzelte ich zur Tür und musste mich zuerst orientieren. Ach ja, Santos, Party, Taxi – langsam dämmerte es wieder. Aber wer wollte was von mir – mitten in der Nacht? War es Gerds Bettgenossin? Ich war sofort wieder hellwach, mit unanständigen

Bildern im Kopf.

»Hallo?«, säuselte ich erwartungsvoll. Aber voller Entsetzen hörte ich Gerds aufgeregtes Flüstern: »Udo, wir müssen sofort verschwinden.« Er stand tatsächlich vor der Tür und war, seinem Tonfall nach zu urteilen, völlig verängstigt.

Schnell zog ich meine Schuhe, die Hose und mein Hemd an und wollte die Tür öffnen, doch die war zu meiner Überraschung verschlossen. Das bedeutete nichts Gutes. »Was ist denn los, warum ist hier abgeschlossen?«, wollte ich wissen. »Keine Ahnung, aber wir müssen weg hier«, so der ernsthaft besorgte Gerd. Also rüttelte ich etwas heftiger, aber die Tür bewegte sich nicht. Langsam geriet auch ich in Panik. Eingesperrt und ratlos – das Mädchen musste unhörbar abgeschlossen haben, nachdem sie das zweite Mal bei mir im Zimmer war. Jetzt wusste ich auch den Grund für ihr nochmaliges Erscheinen. Das Ganze wirkte schlagartig methodisch und roch nach einem ausgewachsenen Raub.

Von der Straße her erreichte uns inzwischen geschäftiger Lärm. Santos war erwacht: Autohupen, Marktgeschrei, viele Menschen waren schon unterwegs.

Wir mussten uns beeilen, bevor Gerds enttäuschte Begleiterin ihre Freunde mobilisieren konnte. Es wusste ja niemand, wo wir waren, selbst wir nicht. Wahrscheinlich befanden wir uns sogar in der Behausung einer Bande von Dieben und Mördern. Brasilien war in der Hinsicht nicht ungefährlich. In Gedanken war die ganze Mafia hinter uns her.

In diesem Augenblick wurde ich so, wie ich aussah. Ich mutierte zu Bud Spencer. Dabei kratzte ich meinen gesamten Mut zusammen, nahm Anlauf und trat mit ungeheurem Getöse die Tür ein. Gerd wartete erschrocken, aber auch erleichtert draußen und wir polterten, so schnell wir konnten, die Treppe runter auf die Straße. Hier fühlten wir uns einigermaßen sicher. Ein Taxi war im Nu gefunden und brachte uns wohlbehalten zum Hafen zurück.

Das mit dem Türeintreten hatte ich zuvor

schon in Krimis gesehen, aber live war es schlichtweg spektakulär, im Besonderen, wenn man selbst die Hauptrolle spielt. Wir fühlten uns wie Bud Spencer und Terence Hill, zumal ich damals eine gewisse Ähnlichkeit mit ersterem hatte.

»Sie hat gewartet, bis ich eingeschlafen war«, erzählte Gerd aufgeregt während der Rückfahrt, »aber ich habe nur so getan als ob und konnte alles beobachten. Als sie dachte, ich würde schlafen, schlich sie leise zum Stuhl, über dem meine Hose hing, griff sich meinen Geldbeutel und legte ihn in ihre Schublade. Dann hat sie sich hingelegt.«

»Als sie dann eingeschlafen war, habe ich den Spieß umgedreht«, fuhr er lachend fort. »Ich ging auf Zehenspitzen zum Schrank, öffnete die Schublade, holte meinen Geldbeutel wieder raus und den Rest kennst du ja.«

Ich weiß nicht, ob wir in dieser Nacht dem Tod von der Schippe gesprungen waren, oder ob wir es einfach mit einer jungen, unerfahrenen Diebin zu tun gehabt haben. Spannend war es allemal.

Unser brasilianisches Intermezzo hatte ein kleines Nachspiel. Horst ging abends, nachdem wir mit dem Taxi weggefahren waren, zusammen mit Fats brav zurück zum Schiff. Dummerweise entdeckte seine Frau Maria Konfetti an ihm und stellte ihn zur Rede. Er berichtete wahrheitsgemäß von unserer kleinen Party und versicherte hoch und heilig, dass nichts Besorgniserregendes passiert sei, aber sie glaubte ihm nicht und vermutete das Schlimmste, mit Bildern von halbnackten Brasilianerinnen im Kopf.

Obwohl Horst weiter nichts als auf unser Geld aufgepasst und keinen außerehelichen Unfug angestellt hatte, verfolgte sie ihn durch die Kabine. Als sie ihn letztendlich zu fassen bekam, hatten sie gerade eine so unglückliche Stellung, dass sie ihm zur Strafe radikal in den großen Zeh biss. Klagend humpelte er am nächsten Tag durch das Schiff und bereute zutiefst seine Rolle als Gouvernante durchgeknallter Musikerkollegen.

# MARIOS BEKENNTNIS

Ein paar wilde Mittelmeerreisen mit einer größeren Anzahl jüngeren Publikums hatten wir gerade hinter uns gebracht und freuten uns, jetzt durchatmen zu können. Die folgenden Nordland-Fahrten auf der Maxim Gorkiy waren mehr von der ruhigeren Sorte und kamen uns gerade recht.

Wir fuhren die norwegische Küste entlang, Richtung Nordkap und Spitzbergen, besuchten einen Fjord nach dem anderen. Es lag in der Natur der Sache, dass diese Reisen größtenteils von betuchten älteren Menschen gebucht wurden, die, von Wolldecken umhüllt, versuchten, an Deck die einzigen drei Sonnenstrahlen vom Himmel zu absorbieren.

Entsprechend beruhigend war das Showprogramm: Angèle Durand, die belgische Chansonette, Christa Grossmann, Sopranistin, Mike Fabian, Schlagersänger und Mario

Greco, griechischer Tenor der alten Schule mit passendem Programm von »Granada« bis »Nessun Dorma«.

Mario war ein Sänger, wie aus einem UFA-Film geschält, der genauso redete wie er sang – pathetisch, mit rollendem »rrrrrrr«, kompliziert, steif, eitel und etwas arrogant.

Er wollte andauernd üben. Seine Stücke kannte ich schon auswendig, aber er setzte immer wieder neue Proben an. Ich denke, er hatte Langeweile und ich war sein Zeitvertreib. Obwohl ich bei solchen Dingen normalerweise über die Maßen gewissenhaft bin, habe ich kurzerhand einmal eine Übungsstunde ausfallen lassen. Die Kollegen erzählten mir hinterher, er hätte sich furchtbar echauffiert: »Udo ist nicht zur Probe gekommen – ich werde nicht singen.«

Der Showabend mit seinem Auftritt rückte näher und die Kollegen zitierten ihn erneut, mit süffisantem Unterton und rollendem »r«: »Udo ist nicht gekommen – ich werde nicht singen.« Aber letztendlich konnten sie Mario doch überreden: »Ich werde singen«, stammelte er mit brüchiger Stimme und ergab sich seinem Schicksal.

Die Show verlief erwartungsgemäß glatt, selbst ohne zusätzliche Probe.

Dann begann der Albtraum eines jeden Gesangskünstlers. Wir spielten das auf Schiffen oft malträtierte Stück »Mexico« aus »Der Sänger von Mexico« von Francis Lopez.

Nach der ersten Strophe, wir sollten die zwei Anfangstakte so lange wiederholen, bis er mit dem zweiten Teil einsetzt, ließ er den Arm mit dem Mikrofon sinken und der Gesang verstummte.

Verdutzt spielten wir weiter und Mario stand wie versteinert auf der Tanzfläche, in seinem hellblauen Sakko. Er war augenscheinlich paralysiert. Die beiden Takte zogen sich wie Gummi, aber wir wiederholten diese unverdrossen und hofften auf einen erlösenden Gag. Aber Mario sang nicht, obwohl er das Lied schon tausendmal vorgetragen hatte. Es war ein eingängiges Lied, leichte Muse und einfach zu singen. In den Proben hatte es auch immer problemlos geklappt.

Regungslos ließ er uns im Dunkeln über seine Absichten. Es dauerte eine halbe Ewigkeit, bis er langsam wieder das Mikrofon zum Mund führte und man die bewegte Stimme aus den Lautsprechern hörte, gravitätisch und salbungsvoll wie immer: »Meine Damen und Herren,« er atmete langsam aus und noch langsamer wieder ein, »ich habe den Text vergessen.«

Wir versuchten sofort, seine Hoffnungslosigkeit zu kompensieren und einer von uns spielte ersatzweise die Melodie. Mario konnte diese aufnehmen und setzte beim folgenden Refrain wieder ein. Die zweite Strophe ließen wir sicherheitshalber weg und beendeten das Lied vorzeitig, vom Publikum unbemerkt.

Unser Tenor stand gönnerhaft, mit ausgestreckten Armen auf der Bühne und wurde frenetisch bejubelt und gefeiert. Das Publikum honorierte, glaube ich, sein unverhofftes Bekenntnis.

Mein kleiner Probenstreik wurde wohlwollend ad acta gelegt.

Solche Black-outs haben wir als Begleitband öfter erlebt, aber niemals so anrührend wie bei unserer griechischen Drama-Queen Mario.

# RUDI BÜTTNER
## UND DAS BITTERE MOSAIK

Rudi Büttner war bei den Nordlandreisen als Conférencier und Showmaster engagiert. Er war einer der Besseren dieser Berufsgattung und wurde zudem »der Chirurg der deutschen Sprache« genannt. Unter anderem moderierte er sechs Jahre lang als Chefsprecher die Tourneen von Max Greger und seinem Orchester in dessen Blütezeit.

Eines Tages stand er auf unserem Schiff und starrte durch seine dicke, schwarzumrandete Brille auf die kitschige, große Mosaikwand, sinnierend: »Das sind die Gallensteine dieses schwimmenden Altenheims.«

# SURF-GESANG
# VOR HAMMERFEST

Der Sturm wütete und wir befanden uns in Höhe von Hammerfest, eine der nördlichsten Städte Norwegens, auf hoher See. Es war mir immer schon ein Rätsel, wie ein derart großer Kahn aus Metall schwimmen kann, aber bei so einer Wetterlage stellte sich zu allem Überfluss das mulmige Gefühl ein, den Naturgewalten hilflos ausgeliefert zu sein.

Das Boot fuhr mitunter steil bergauf, um dann nach einem surfbrettartigen Wellenritt mit riesen Getöse zehn oder zwanzig Meter nach unten zu fallen, dem Zerbersten nahe. Dabei schlugen die Wellen am obersten Deck 11 an die vordere Panoramascheibe, dass einem angst und bange wurde. Spätestens dann wusste man nicht mehr, wo oben und unten war. Der Kapitän fuhr bei diesem Seegang immer beharrlich mit seinen zwei gigantischen

Motoren gegen die Wellen, damit das Schiff nicht zur Seite kippte. Die dramatischen Geräusche von knirschendem Metall, schleifenden Bolzen und aneinander reibenden Blechen werde ich nie vergessen.

Ab einer gewissen See- oder Windstärke mussten zudem die seitlichen, wie Unterwasserflügel anmutenden Stabilisatoren eingefahren werden, um nicht abzubrechen. Infolgedessen schwankte das Schiff nach allen Seiten, mehr als ein Magen verkraften kann. Meistens waren deshalb die Bars und die Musiksalons an diesen Tagen menschenleer.

Nicht so, wenn es ein Konzert mit einer bekannten Sängerin gab. Trotz Unwetters kamen die Passagiere geschniegelt und gestriegelt in Abendgarderobe zur Vorstellung. Das Laufen fiel ihnen zwar schwer, aber wenn sie mal saßen, war das randalierende Meer vergessen.

Ein Opern- und Operettenabend mit der Sopranistin Christa Grossmann war angekündigt. Ich hatte die Aufgabe, sie am Flügel zu begleiten.

Mit wallendem Abendkleid, unter tosendem Applaus, betrat sie unsicheren Schrittes die Tanzfläche, welche immer als »Manege« herhalten musste. Die eigentliche Bühne wurde von der Band komplett in Beschlag genommen. Dort waren die Instrumente seefest verankert, verschraubt und festgebunden.

Die Aufführung begann und Christa präludierte wie eine Lerche, sich an der Lehne des vorher bereitgestellten Stuhls festhaltend, ihre Arien. Ich war hinten auf der sicheren Seite. Eingekeilt zwischen dem bombenfest fixierten Flügel und einem schweren Hocker, die mich beide in Stellung hielten, saß ich mit meiner weißen Smokingjacke, Fliege und Lackschuhen so erhöht, dass ich die ganze Szenerie schön beobachten konnte, wenn nicht gerade eine schwierige Pianopassage zu bewältigen war.

Sie sang: »Frühling, Frühling, ha ha ha haaaaa...«, als der Kapitän wieder surfen wollte und steil nach oben auf den Gipfel der Welle fuhr. Christa und der Stuhl rutschten bzw. rannten unweigerlich über die gesamte Tanzfläche – immer wieder, auf und ab, links und rechts, während sie unverdrossen weitersang. Niemand konnte und wollte ihr helfen, aber jedes Mal, wenn sie auf das Publikum zuraste, musste sie eine La-Ola-Welle, begleitet von lautstarkem »aa« und »oo«, über sich ergehen lassen.

Nachdem das Schiff wieder im Wellental aufgesetzt hatte, genügte es, dass die Sängerin – ungefähr dreimal pro Stück – um den Stuhl herumtänzelte. Sie sang professionell mit dem zwangsläufig eingefrorenen Lächeln einer wahren Diva, bis wir gemeinsam das Ende der Tortur erreicht hatten und uns händchenhaltend vor den Gästen verbeugten.

An diesem Abend wurde mir dann doch noch schlecht. Nach dem obligatorischen Mitternachtssnack sprintete ich in meine Kajüte, so schnell es ging. Man glaubte, die Treppe führe nach oben, man lief aber faktisch abwärts – in hohem Maße surreal.

Angekommen in der Kabine ließ ich mir das

Essen nochmal durch den Kopf gehen und legte mich aufs Bett.

Der Kapitän war noch die ganze Nacht über am Surfen mit der Folge, dass mir bei einer der nächsten Talfahrten der Kassettenrekorder gegen die Stirn flog – damals ein erster Baustein für meinen geistigen Verfall.

# DIE WUNDERSAME HEILUNG

Unser Schiffsarzt war mit allen Wassern gewaschen. »An Bord muss man manchmal improvisieren«, erzählte er uns und wie er einmal trotz eines Massenandrangs die Seekrankheit besiegte.

Wie bei jeder Reise kamen die neuen Passagiere an Bord des Schiffes, das ohne jegliches Schwanken am Kai lag. Sie registrierten nicht, dass sie soeben das sichere Land verlassen hatten und freuten sich auf die bevorstehende Seereise.

Als alle an Bord waren, legte das Schiff ab. Kaum hatten sie das offene Meer erreicht, stellte sich leichter Seegang ein. Im Nu war die Krankenstation total überfüllt. Fast jeder Passagier wollte ein Mittel gegen die Seekrankheit haben. Allerdings war die Schiffsapotheke nicht für eine so große Menge gerüstet.

Der Doktor kam auf eine grandiose Idee. Sie

schnitten normales Pflaster in kleine rundliche Pads und teilten sie dann aus, mit der Anweisung, diese auf die Haut zu kleben, am besten auf den Oberarm, damit sich der »Wirkstoff« entfalten kann. Der Kapitän und einige der Crewmitglieder halfen dabei.

Nicht zu lachen, war die größte Schwierigkeit bei diesem Akt der Nächstenliebe.

Die Wirkung war verblüffend. Das Placebo hatte einen fast hundertprozentigen Heilerfolg bei den Passagieren und preiswert war es obendrein auch noch.

# NOTEN FÜR NEPTUN

Wenn man monatelang auf einem Schiff spielt, kann man nicht jeden Abend ein neues Musikprogramm darbieten. Wiederholungen sind an der Tagesordnung. Damals hat es scheinbar niemanden gestört. Die Bands hatten zu der Zeit noch keine tausend Playbacks in den Keyboards gespeichert. Alles war Handarbeit, sogar das Notenschreiben.

Pepe, unser Anführer, rief deshalb jeden Tag als erstes den Eurovisionstitel »Un - Deux - Trois« auf. Wir anderen konnten das Werk nicht mehr hören. Alles Bitten und Betteln, diesen Titel aus dem Programm zu nehmen, scheiterte.

Eines Abends trat das Unwahrscheinliche ein. Pepe sagte an: »Un - Deux - Trois«. Jeder wühlte in seinen Noten, aber das Stück war nicht mehr auffindbar, so sehr wir uns auch bemühten. Wir hätten es womöglich auswendig spielen können, aber auf die entsprechende Nachfrage unseres Bandleaders schüttelten alle den Kopf. Pepe musste sich geschlagen geben.

Gerd, unser Saxophonist, hatte die Noten eingesammelt und mit großer Genugtuung dem unendlichen Atlantik und Neptuns Wohlwollen übergeben. Alle außer Pepe waren ihm dankbar. Der gewaltige Sturm am nächsten Tag brachte mich aber zugegebenermaßen ins Grübeln.

# HONDURAS UND DIE
# VERLORENEN SCHUHE

Während unserer Reisen haben wir ständig versucht, den anderen Touristen beim Landgang aus dem Weg zu gehen. Nicht, weil wir sie nicht leiden konnten, sondern nur deshalb, weil wir sie an Seetagen 24 Stunden lang um uns hatten und so eine kleine Landpartie die einzige Möglichkeit war, etwas Abstand zu gewinnen.

Während unserer Ausflüge interessierten wir uns mehr für die Menschen des jeweiligen Landes und für deren Lebensstil und Kultur, weniger für die Sehenswürdigkeiten, die man sich ohnehin im Fotoband anschauen konnte. So auch an diesem Tag.

Nach der Ankunft in Honduras hatten wir einen halben Tag frei. Wir »flüchteten« in die Marktkantine des Ortes, wo wir garantiert auf keine Mitpassagiere stoßen würden, und aßen ein köstliches Hühnchen mit Reis für umgerechnet 1,50 DM mit Getränk. Die Einheimischen waren nett und freuten sich über die Abwechslung und über unsere lustigen Kommentare.

Nebenan war eine kleine Bar, in der nur Einheimische verkehrten, darunter einige attraktive Latinas, mit denen wir nach dem Essen die sozialpolitische Situation von Honduras erörterten. Anschließend erfolgte der hochspannende Anschauungsunterricht im Zimmer. Hautnah wurde mir die mit weichen Hügeln durchzogene Landschaft Honduras' mit seinen traumhaften Lagunen erklärt.

Die Zeit verflog, bis ich zufällig auf die Uhr schaute: zehn vor vier. In zehn Minuten musste ich zum Tanztee auf der Bühne stehen. Die Kleider konnte ich zusammenkratzen, aber meine Schuhe waren nicht mehr aufzufinden und so rannte ich barfuß zum Schiff.

Ohne vorher meine Kabine aufzusuchen, stürzte ich mich in den Musiksalon. Die Band spielte bereits einen Calypso. Zufällig hatte ich ein farbenfrohes karibisches Hemd an. Ich nutzte die Situation und tänzelte barfuß und lächelnd zur Bühne. Es muss ausgesehen haben wie eine Provinz-Showeinlage und die Gäste amüsierten sich über meine Aufmachung. Weil sich die Kollegen schon früher hatten losreißen können, standen sie geschniegelt, gestriegelt und schadenfroh grinsend hinter ihren Instrumenten und ließen mich leiden.

# DER GLADIATOR VON TRINIDAD

An dieser paradiesischen Insel lagen wir mit unserem Schiff über Nacht und hatten frei, da alle Passagiere unterwegs waren. Folglich nutzten wir den geschenkten Abend sofort und warfen uns ins Getümmel.

Das Glück war uns hold. Zusammen mit meinem alten Freund Paul, unserem Bassisten, landete ich in den frühen Abendstunden auf einem Open Air Calypso und Reggae-Festival mit abertausenden von einheimischen Menschen. Wir beide waren die einzigen Weißen, zumindest in unserer Ecke, und fielen entsprechend auf. Nach einigen Dosen Heineken Bier fühlten wir uns wohl und hatten zahlreiche neue »Freunde« gewonnen.

Langsam bildete sich um uns herum ein Kreis von Interessenten. Paul, ein großer, kräftiger Mann mit Händen wie ein Schaufelbagger, der im »normalen« Leben darüber hinaus

erfolgreicher Handwerker war, ahnte scheinbar, dass etwas nicht stimmte. Ich war nach
wie vor guter Dinge und erfreute mich an der
Musik. Paul hingegen diskutierte mit einem
der herumstehenden jungen Männer und for-
derte diesen plötzlich auf, ihm mit der Faust in
den Bauch zu hauen. Ich wusste nicht, was er
vorhatte und war etwas besorgt.

Der Kontrahent war einen Kopf größer als
Paul und hatte eine Figur wie Arnold Schwar-
zenegger. Sein braunes Unterhemd stand im
krassen Gegensatz zu dem prunkvollen Ohr-
gehänge: ein goldenes Kreuz, das an einer kurzen Kette baumelte. Auch sein übriges Outfit
passte nicht dazu. Die Gummisandalen sugge-
rierten eine gemächliche Lebensweise und die
kurze, fleckige Jeans war, dem Alter nach zu
urteilen, ein Erbstück des Urgroßvaters. Dem-
gegenüber zeugten seine tätowierten Tränen
auf der linken Gesichtshälfte von einer beweg-
ten Vergangenheit, in der man keine Zeit hatte,
die Hosen zu wechseln.

Dieser Hulk-ähnliche Muskelberg zögerte

misstrauisch und konnte sich keinen Reim daraus machen, doch Paul ermutigte ihn, bis er zuschlug. Ein normaler Mensch wäre durch die Wucht aus dem Gelände geflogen. Nicht so Paul, der lächelnd dastand und sich eine Zigarette ansteckte. Ohne eine Miene zu verziehen oder zu schwanken meinte er: »Schöne Musik habt ihr hier.«

Inzwischen wurde der Kreis um uns herum größer und immer mehr Menschen schauten zu. Ich kam mir schon vor wie ein Gladiatorgehilfe im Kolosseum und wunderte mich, warum Paul so etwas tat.

»Ich zeige dir noch was«, meinte er zu seinem Gegenüber und führte vor, wie man, völlig unangestrengt, einarmige Liegestützen macht. Nach etwa dreißig davon stand er auf und zog wieder an der Zigarette. Die Meute applaudierte.

»Ich glaube, wir müssen jetzt gehen«, warnte mich Paul, was wir augenblicklich in die Tat umsetzten. Fünf oder sechs der besagten Einheimischen begleiteten uns, unter anderem ein kleiner, indisch-stämmiger Junge, der Paul nicht mehr von der Seite wich. Ein hoher Prozentsatz der Einwohner Trinidads sind Nachfahren indischer Vertragsarbeiter Anfang des letzten Jahrhunderts. Paul war für den Kleinen sowas wie Superman, der Überheld.

Auf dem Weg zum Hafengelände wurde ich von den Begleitern über unsere Währung ausgefragt, wie der Wechselkurs sei und wie das Geld aussehe. Ich sagte, ich hätte nichts dabei und fühlte mich mehr als unwohl, zumal Paul mit dem Jungen mindestens fünf Meter vorauslief und mich die einheimischen Begleiter bedrohlich dicht umringten.

Nach längerem Fußmarsch im dunklen Trinidad kamen wir jedoch wohlbehalten an der Hafenpforte an, wo nur Paul und ich mit unseren Ausweisen passieren durften und verabschiedeten uns erleichtert.

Am Schiff angekommen erzählte mir mein Kollege, der Junge hätte ihn gewarnt vor den anderen, weil diese in der Tat vorhatten, uns auszurauben. Gleichzeitig wuchsen aber deren

Zweifel an der Durchführbarkeit nach Pauls Show. Seine präventive Verbrechensbekämpfung hatte Wirkung gezeigt.

Am gleichen Abend kam ein ausgeraubter Passagier zurück zum Schiff, einzig und allein mit seiner Unterhose bekleidet. Das mit den einarmigen Liegestützen hatte er wohl nicht drauf. Wenigstens wurde sein Leben verschont.

# COLUMBIAN GOLD

Wenn wir in der Karibik umher schipperten, kam immer eine Steelband mit an Bord, die ein paar Reisen lang mitfuhr. Die meisten Bands stammten aus Grenada. In dem, was sie taten, waren sie großartig. Calypso und Reggae spielten sie unnachahmlich gut auf ihren »Pans« oder »Steeldrums« (umgebaute Ölfässer). Wir freundeten uns an und unternahmen allerlei Dinge zusammen, von gemeinsamen Trips durch die Inseln bis hin zu Jam-Sessions nachts im Salon. Von ihnen lernte ich die Feinheiten in Reggae und Calypso. Während ich einige rhythmische Varianten des Reggae am Keyboard ausprobiert hatte, konnte ich die Freunde aus Grenada nicht unbedingt begeistern. Man kannte ja Bob Marley und es hörte sich für uns Europäer einfach an. In der Tat sind es auch nur zwei, drei Töne und Akkorde, die zu spielen sind bei dieser Art von Musik. Jeder Erstklässler hat eine solche Spieltechnik.

Es musste also noch mehr dahinterstecken. Ich wollte es genau wissen. Der Jüngste der Steelband sang mir die Basslinie vor und ich versuchte, sie zu imitieren – der Drummer spielte immer mit. Freundliches Naserümpfen war das Ergebnis und stachelte mich an, es weiter zu versuchen. Ich schlug einige Varianten vor, die mich nicht wirklich weiterbrachten. Es waren immer die gleichen Töne und immer der gleiche Rhythmus, nur das Spielgefühl änderte sich jedes Mal.

Plötzlich, nach einigen Versuchen, sah ich in den Gesichtern ein breites Grinsen. Ich hatte getroffen. Alle meine Versuche waren fast identisch gewesen, mit nur winzig kleinen Abweichungen. Aber nur der letzte war synchron mit dem Herzschlag der Einheimischen. Hier ging es, wissenschaftlich betrachtet, um Mikrophrasierungen, die man zwar messen, aber nicht aufschreiben kann. Die Beats liegen um Mikrosekunden auseinander, was aber den eigentlichen Groove und die pulsierende Rhythmik ausmacht. Eigentlich kann man es nur fühlen. Es ist eine Art esoterisches Einlassen auf etwas Fremdes, das einem während des Spielens auf eine seltsame und unerklärliche Weise zu eigen wird. Dabei wird man von einer Welle getragen, die einem, anders kann ich es nicht verdeutlichen, ein unbeschreibliches Glücksgefühl beschert.

Unsere Steelband an Bord lehrte uns andererseits auch Dinge, die man nicht unbedingt wissen muss.

Es war ein festlicher Abend und wir trugen einen Smoking mit weißem Dinnerjacket. Vor dem Auftritt hingen wir mit unseren Freunden von der Steelband ab. Einer meinte, dass sie jetzt »was rauchen« gingen. Scott, unser amerikanischer Trompeter, und ich begleiteten sie in ihre Kabine, wo sogleich ein massiver Joint herumgereicht wurde. Sie meinten, das sei Columbian Gold, Gras der feinsten Sorte. Na ja, dachte ich, groß schaden kann das nicht, wenn ich mal ziehe, und machte mich daran, zu inhalieren. Es schmeckte wie eine normale Zigarette, also probierte ich nochmal, bis ich nach fünf oder sechs Zügen aufgab und dachte, das hätte ich mir sparen können. Aber weit gefehlt.

Fünf Minuten später kam der Gong. Ich schien Teil eines Films zu sein und das Marihuana führte Regie. Nichts war verschwommen, alles war klar, aber mir war sehr wohl bewusst, dass dies ein Rauschzustand sein musste.

Oh Gott, was hatte ich getan, so kurz vor der Show? Es half nichts, wir hatten keine andere Wahl als erhobenen Hauptes zur Bühne zu laufen. Allein der Weg durch den Musiksalon, an bereits anwesenden Gästen vorbei, war ein Spießrutenlauf. Wie mir die anderen Kollegen im Nachhinein versicherten, sah man mir nichts an, kein Schwanken, kein Lallen oder sonst etwas Peinliches.

Doch hatte ich den Verdacht, dass jeder Gast wusste, was Sache war. Alle starrten mich an, glaubte ich, aber es musste ja weitergehen. Ich versuchte, meinen Zustand zu kaschieren, indem ich freundlich lächelte.

Die Band spielte das erste Stück und ich

erschrak. So falsch hatten wir noch nie geklungen. Mein Gehör war übersensibel und die kleinste Ungereimtheit in unserer Musik hörte ich überdeutlich. Die Chorsätze klangen wie die Fischerchöre im Katzenland. Schräg und nicht zu ertragen.

Meinen Synthesizer musste ich damals vor jedem Soundwechsel per Hand einstellen. Es genügte nicht ein Knopfdruck, wie heutzutage, sondern es wollten fünf oder zehn Knöpfe gedrückt oder Regler gedreht werden. Es gelang mir aber nicht. Ich wusste nicht mehr, wie man das Gerät bedient, also ließ ich es sein und spielte auf dem Piano weiter. Währenddessen hörte ich andauernd das Katzengejammer vom Chor und immer noch schaute das ganze Publikum nur auf mich. Das war die Strafe für alle Sünden, die ich jemals begangen hatte.

Scott, mein Leidensgenosse, brachte an diesem Abend nicht einen konkreten Ton auf der Trompete zustande. Er versuchte es immer wieder – ohne Erfolg.

Da wir unsere Auftritte meistens auf Kassette aufnahmen, hörte ich mir das Dilemma am nächsten Tag an. Was für ein Wunder, alles war wie immer, nur dass manchmal der Synthesizer fehlte und die Trompete durchhing. Man sagte, Scott habe gesundheitliche Probleme gehabt.

An diesem Tag schwor ich mir, das Zeug nie mehr anzurühren. Diese Lektion habe ich gelernt und den Schwur bis heute nicht gebrochen.

# PFÄLZISCHE PHARAONEN

Auf einer unserer Mittelmeer-Kreuzfahrten legten wir im ägyptischen Alexandria an. Wir blieben dort über Nacht. Während die anderen Schiffsgäste ihre gebuchten Ausflüge nach Kairo in die Teppichfabriken absolvierten, besuchte ich mit zwei Musikerkollegen eine dunkle Kneipe, wie man sie aus Piratenfilmen kennt. Der Raum war voller Männer. Wir ließen uns an der Bar nieder, bestellten einen Drink.

Ich setzte mich neben einen Ägypter. Er war um die dreißig Jahre alt und sah aus wie die Kopie aus einem Pharaonenbilderbuch. Wir hockten nebeneinander an der Theke und starrten den Barkeeper an, der die glanzlosen, undurchsichtigen Gläser mit Fusel befüllte. Aus gutem Grund tranken wir beide Bier aus der Flasche. Mein Nachbar schien auch auf dieses Mindestmaß an Hygiene zu achten, was damals in Ägypten relativ unüblich war, obwohl es nur verseuchtes Wasser gab. Er hatte ein bisschen Ähnlichkeit mit dem jungen Omar Sharif, mit öligen Locken, die, sauber geschnitten, sein markantes Gesicht umrahmten. Seine Augenringe sahen im schummrigen Licht aus wie der Lidstrich der alten Ägypter auf Wandgemälden. Die leicht gebogene Nase mit nach oben gezogenen Nasenflügeln, die an die aufgeblähten Nüstern eines Araber-Hengstes erinnerten, verhalf ihm zu einer energischen Präsenz. Man sollte sich nicht mit ihm anlegen, dachte ich mir.

Irgendwann kamen wir ins Gespräch – Small Talk auf Englisch. Ein Thema war das Fleisch, das auf der Straße an den Ständen hing, ohne Kühlung, von tausenden Fliegen bedeckt, und die Kinder, die in Pappkartons am Straßenrand lebten. Die Bettler, die, auf selbstgezimmerten Rollbrettern sitzend, neben den Taxis herfuhren und diese sogar überholten, nur vom Rudern mit Armen und Händen angetrieben, waren auch für meinen

Gesprächspartner sensationell.

Er erzählte mir, dass er auf Montage hier sei und für eine deutsche Firma arbeite, woraufhin ich ihm erklärte, dass ich aus Deutschland komme. »Aus welcher Stadt?«, schoss es aus ihm heraus. »Speyer«, antwortete ich. Lachend prustete er los, in breitestem Pfälzisch: »Dann babbel doch, wie Dir de Schnawwel gewachse is – ich kumm aus Worms!«

# COPACABANA

In Rio de Janeiro hatten wir, wegen des Karnevals, drei Tage frei. Niemand auf dem Dampfer wollte unsere Musik hören, während draußen ganz Brasilien auf den Füßen war.

Nachmittags fuhren wir mit ein paar Kollegen zur Copacabana. Es war jede Menge los, aber wir fackelten nicht lange und warfen uns in die Fluten. John, einer unserer Saxophonisten, ein redseliger Italo-Amerikaner, kam im Wasser sofort in Kontakt mit drei hübschen Brasilianerinnen. Sie trugen Tangas der knappsten Sorte und die Körper der Mädchen waren entsprechend plakativ. Wie sich herausstellte, hatten alle drei italienische Wurzeln.

Für John war dies der willkommene Anlass zum Näherrücken. Er strahlte und es war klar, dass er durch seine Herkunft unbegrenzten Diskussionsstoff liefern konnte. Don Giovanni lief zur Hochform auf und redete sich auf

Italienisch den Mund fusselig. Die drei Hübschen waren sichtlich angetan von seiner Eloquenz. Er hatte sie voll und ganz in den Bann gezogen.

Wir ließen ihn mindestens eine halbe Stunde gewähren. Irgendwann aber beschlossen wir anderen, den – ansonsten herrlichen – Ort zu verlassen, doch John weigerte sich und hörte nicht auf zu reden.

Während der ganzen Zeit standen wir alle im fast brühwarmen Salzwasser und drohten schon, uns darin aufzulösen. Wir versuchten es mehrere Male, aber John blieb beharrlich. Er und seine neuen Bekanntschaften schienen viel Spaß zu haben und er dachte nicht im Entferntesten daran, mit uns weiterzuziehen.

Da man an der Copacabana seine Freunde nicht allein lässt, probierten wir es mit einer etwas eindringlicheren Bitte. Keine Reaktion. Jetzt machten wir Anstalten zu gehen und liefen langsam Richtung Ufer.

Ich warf einen Blick zurück. »Was ist los, John?«

»Ich kann nicht«, flehte er mich an, immer noch bis zum Bauchnabel im Wasser und zeigte mit einer verstohlenen Handbewegung auf sein bestes Stück. Dabei gab er mir zu verstehen, dass er in diesem freudigen Zustand nicht aus dem Wasser könne ohne Aufsehen zu erregen.

Jetzt mussten wir eingreifen und lenkten die drei Beauties von ihm ab. Dringende Termine reichten als Entschuldigung für unseren plötzlichen Aufbruch. John konnte sich derweilen beruhigen und die Natur entließ ihn enttäuscht aus ihren Fängen.

# SEEMANNSGARN IN Eb-DUR

Sänger, die sich der alten und neuen See-
mannslieder angenommen hatten, gab es zu-
hauf auf unseren Kreuzfahrten. Einer davon
hieß Carl Bay. Er war ein netter, problemloser
und bodenständiger Künstler, der sein Genre
überzeugend rüberbrachte.

Abends, bei einer Show, spielte ich die vor-
geschriebene Einleitung des Liedes »An der
Ecke von St. Pauli« und Carl fing an zu singen,
leider in einer falschen Tonart. Er brach ab,
drehte sich zur Bühne um und rief: »Udo, wir
sind in Eb-Dur!« Als ich anhob, mich zu recht-
fertigen, rieten mir die Kollegen leise davon
ab. Klaglos spielte ich die gleiche Einleitung
noch einmal. Wiederum in Eb-Dur. Carl Bay
lächelte, sang und siegte.

Erst danach wurde mir klar, dass es sich,
wenn auch auf meine Kosten, um einen spontan improvisierten, aber gelungenen Scherz

gehandelt hatte.

Carl hatte mir seinen Fehler untergeschoben und war fein raus. Dem Publikum hat's gefallen, wie immer, wenn es am Missgeschick der singenden Zunft teilhaben durfte.

# DAS CHAMPAGNER-RITUAL

Irgendwann, nach einer Show und etlichen Drinks in der Disco, war uns der Alkoholpegel noch nicht hoch genug. Horst, Rudi, der Proviantmeister, und ich. Horst beschloss, dass ich der Musikertaufe unterzogen werden sollte. Ungetauft, im Alter von vierundzwanzig war ein Versäumnis, das man so nicht durchgehen lassen konnte. Gesagt, getan.

Dank Rudis Schlüsselgewalt konnten wir uns im Proviant- und Getränkelager des Schiffes einnisten. Es waren unzählige Flaschen Veuve Clicquot notwendig, um die Zeremonie des Über-den-Kopf-Gießens abzuhalten. Nach einem kurzen Rundumblick wussten wir, dass wir mitten im Heiligen Gral geankert hatten.

»Hiermit taufe ich den Anwesenden Udo wegen seiner pianistischen Leistungen zum Musiker«, sprach Horst, während er mir die erste Flasche Champagner über den Kopf schüttete.

Da die Taufe bei mir so lustig zu sein schien, wiederholten es meine beiden Mitstreiter bei sich selbst nochmal.

Den armen Horst bestäubten wir zwischendurch mit einem Sack Mehl und versuchten ihn deshalb auch noch mit Champagner zu waschen, was uns aber nicht in vollem Umfang gelang. Das Mehl haftete an der Kleidung wie Sekundenkleber. Inzwischen sahen wir alle so aus. Unsere Bühnengarderobe war nicht mehr sauber zu kriegen.

Schließlich schüttelten wir die Flaschen und schossen mit den Korken aufeinander.

Einer der Matrosen hatte den Krach gehört, öffnete die Tür und schaute herein. Wortlos schloss er die Tür wieder. Sein von Kopfschütteln begleiteter Kommentar am nächsten Morgen: »Musiker!«

Zu allem Übel fanden wir auch noch Bananen. Teile davon wurden als Krone auf Horsts Kopf drapiert. Die restlichen Schalen landeten allerdings nicht im Abfall, sondern auf dem Boden. Inzwischen war dieser so glitschig, dass wir nur noch krabbeln konnten.

Unsere Bühnenkleidung war unwiederbringlich ruiniert. Wir sahen aus wie Max und Moritz im Teigmantel. Rudi zog kurzerhand alles aus und deponierte seine Kleidung im Mülleimer.

So oder so mussten wir jetzt in die Kabinen zurück. Da Rudi komplett nackt war, banden wir ihm wenigstens eine unserer Fliegen um und verliehen ihm den Titel »Hilfsmusiker«.

Horst konnte nicht mehr laufen, also schleppten wir ihn zu der Kabine, wo Maria ungeduldig auf ihn wartete. Wir klopften leise an und sie öffnete unerwartet schnell.

Man muss sich vorstellen, was diese arme Frau zu sehen bekam: Rudi, einen Mann mit Halbglatze, Vollbart, nur mit umgebundener Fliege bekleidet ansonsten nackt, Horst, ihren Ehemann, zwischen uns hängend und lallend, von Kopf bis Fuß mit Mehlpampe überzogen und mich in eben solchem Zustand.

Sie holte aus, verabreichte Horst eine schallende Ohrfeige und entließ uns mit wüsten Beschimpfungen. Wir trollten uns reumütig davon, in unsere Kabinen.

Circa 30 Flaschen Veuve Clicquot hatten wir geköpft. Den Schaden beglichen wir am nächsten Tag – dank Zollfreiheit und moderaten Einkaufspreisen hielt sich die Summe in Grenzen – und brachten alles wieder auf Vordermann – außer unsere komplett ruinierte Bühnenkleidung.

Im Nachhinein bereue ich unsere einmalige Ausgeburt der Unvernunft in keinster Weise. Meine vernünftigen Taten verblassen alle langsam im Gedächtnis, aber dieser Abend verbleibt darin wie in Stein gemeißelt.

# DER KAPITÄN UND DER KONSUL

Der 7-monatige Vertrag auf der MS Regina Maris im Jahr 1980 lief aus. Wir waren mit dem Schiff in Singapur angekommen und freuten uns auf die Rückreise. Unglücklicherweise hatte Pepe, der Bandleader, einen neuen Vertrag über ein ganzes Jahr unterschrieben, ohne uns vorher zu fragen.

Horst, unser Gitarrist, seine mitgereiste Gattin und ich wollten aber nichts lieber als nach Hause. Wir sehnten uns nach Dampfnudeln mit Weinsoße, Rippchen mit Sauerkraut, Schwartenmagen, Kartoffelsuppe und, nicht zu vergessen, nach unseren Lieben und Freunden zu Hause.

Wir redeten mit Pepe, der zum einen nicht die Spur von Einsicht zeigte und sich zum anderen keiner Schuld bewusst war.

Die schönsten Palmenstrände hätten uns nicht noch einmal für ein weiteres Jahr

Kreuzfahrt in den Gewässern Asiens begeistern können. Folglich verlangten wir die vertraglich eindeutig geregelte, kostenlose Rückreise per Flugzeug. Da aber Pepe nicht unser Vertragspartner war, sondern die Reederei, wandten wir uns an den Kapitän. Dieser erklärte uns, dass er damit nichts zu tun habe, aber er würde uns gerne die Rückflugtickets besorgen.

Der Schiffsagent aus Singapur, der, von der Reederei beauftragt, vor Ort alle Besorgungen machte, nannte uns den Preis von 2.500,- DM pro Person, die wir aus eigener Tasche zahlen sollten. Für uns war das verständlicherweise nicht akzeptabel; die freie Rückreise stand ja im Vertrag. Das aber interessierte hier niemanden.

Über den Transport unserer Instrumente hatten wir noch gar nicht gesprochen. Nach Sachlage mussten wir aber in Singapur unbedingt von Bord, da wir bei einem der nächsten Anlaufpunkte, einer kleinen indonesischen Insel, keine Chance gehabt hätten, irgendwas zu unternehmen. Eventuell wären wir sogar Gefahr gelaufen, nach all dem Ärger, den wir nach Ansicht der Reederei durch unsere Weigerung verursacht hatten, dort unverzüglich von Bord befördert zu werden. Wir malten uns schon die schlimmsten Szenarien aus: allein gelassen, mit unseren Instrumenten und Koffern im Dschungel, ohne die Möglichkeit, von dort wegzukommen.

Ok – dann eben auf die harte Tour, beschlossen wir. Der Kapitän ließ uns keine andere Wahl. Auf dem schnellsten Weg begaben wir uns zum deutschen Konsulat und wurden dort aufgrund der terminlichen Dringlichkeit sofort zum Botschafter durchgelassen. Dieser erwies sich als ein überaus besonnener, hilfsbereiter Mensch und sah so aus, wie man sich einen Diplomaten vorstellt: freundlich und respekteinflößend, fast ein bisschen wie ein König.

Wir brachten unser Anliegen vor, gaben ihm eine Kopie des Vertrages zur Einsichtnahme und erzählten von dem widerspenstigen Kapitän.

Der Konsul ließ sich mit dem Schiff und unserem Skipper verbinden. Wir konnten mithören. Er fragte freundlich nach dem Stand der Dinge und was er in seinem Amt als Kapitän zu tun gedenke. »Das geht Sie überhaupt nichts an«, war eine der rüden Antworten. Sinngemäß war der Inhalt seiner Aussagen: »Kümmern Sie sich um Ihren eigenen Kram und lassen Sie mich in Ruhe.« Dann legte er auf.

Der Botschafter war daraufhin etwas ungehalten und dachte sogar laut darüber nach, das Schiff an die Leine zu legen bis die Angelegenheit geklärt sei, was er aber aufgrund der enormen Kosten gleich wieder ad acta legte.

»Dieser Mann ist nicht fähig, ein Schiff zu leiten. Ich werde sein Verhalten dem Schifffahrtsamt in Deutschland melden«, war seine abschließende Bemerkung.

Er konnte uns die Rückreise nicht schenken, bot uns aber einen großzügigen Kredit an, den wir dankend ablehnten.

Jetzt waren die Fronten zwischen uns und

der Reederei verhärtet und wir mussten schauen, wie wir unsere Instrumente und uns nach Deutschland befördern können, alles ohne Internet, ohne Hilfe und ohne Handys. Als Spedition fanden wir »Lucky Transport«, eine kleine chinesische Firma, mit denen wir einen annehmbaren Deal aushandelten.

Mein Gepäck bestand aus einem Fender Rhodes E-Piano mit einem Gewicht von allein schon annähernd 60 kg, zwei großen Verstärkern, Hohner Strings, einem Roland Synthesizer und sieben Koffern. Horst und seine Frau hatten nicht ganz so viel dabei, aber natürlich auch Amps, Gitarren etc. Das musste jetzt alles nach Deutschland.

Wir wählten die günstigste Variante: Transport auf dem Seeweg. Es sollte drei Wochen dauern, kostete dafür aber »nur« 1.500,- DM.

»Lucky Transport« kam im Handumdrehen mit fünf Mitarbeitern zu unserem Schiff, registrierte alle Geräte und Koffer für die Zollformalitäten und lud das Gepäck auf einen alten LKW mit offener Ladefläche. Da wir ja selbst stadteinwärts mussten, setzten wir uns gleich hinten mit auf die Pritsche.

Wir baten die Chinesen, uns an einem Hotel abzusetzen. Als ob das nicht schon genug gewesen wäre, hatten wir gleich das nächste Problem: In Singapur war Messe und die ganze Stadt war ausgebucht. Wir erdreisteten uns sogar zwangsläufig, bei den Luxushotels anzufragen. Man muss sich vorstellen, wir saßen hinten auf einem klapprigen Pritschenwagen, fuhren die erlauchten Anfahrten hoch und begehrten Einlass. Die höflich lächelnden Livrierten schickten uns dauernd freundlich weg. Ich glaube nicht, dass es immer wegen Überfüllung war.

Letztendlich landeten wir in einem Stundenhotel. Es war ja nur für zwei Übernachtungen. Mit der netten Thailänderin, die ich an dem Tag dort kennenlernte, verging unser Aufenthalt wie im Flug. Sie nahm mich abends mit nach Hause, wo ich das bis dahin schärfste Essen meines Lebens im Kreise ihrer Familie, mitsamt Eltern, Großeltern und Geschwistern, genießen durfte. Ich glaube, die Gesellschaft hatte jede Menge Spaß ob meiner Versuche, Luft zu holen, gleich nach dem ersten Bissen. Nachdem sich mir die Zehennägel hochgerollt hatten und sich sogar der Zahnstein aufgelöst hatte, konnte ich dann irgendwann wieder sprechen.

Ihr Bruder fragte, was denn die philippinische Crew auf unserem Schiff verdiene. Ich erwiderte: »Dreihundert Dollar im Monat«. Die Familie war begeistert und er meinte, bei einem so hohen Verdienst würde er sofort anheuern. Leider konnte ich ihm dabei nicht mehr helfen. So genossen wir vor der Heimreise noch zwei fantastische Tage in Singapur.

Am Tag der Abreise fuhren wir mit einem lachenden und einem weinenden Auge zum Flughafen. Linie unserer Wahl war die sowjetische Aeroflot, weil der Preis, wir zahlten 900,- DM pro Person, konkurrenzlos war. Damals war allerdings vom heutigen Luxus dieser Fluglinie noch nichts zu spüren. Überall war die sowjetische Trostlosigkeit in Design und

Komfort zu spüren. Nachdem wir eingestiegen waren, wunderten wir uns, dass die Maschine kaum Passagiere aufwies. Man konnte sich quer über drei Sitze legen, was dann sofort unsere erste Amtshandlung war. Die Fluggesellschaft sammelte trotz allem Pluspunkte bei uns, denn der Krimsekt war umsonst und die Stewardessen überaus freundlich.

In Moskau gab es dann doch einen Rückschlag. Wir mussten eine Zwischenlandung ertragen. Als Flugpause konnte man diesen Aufenthalt allerdings nicht bezeichnen. Wir rannten mit unseren Habseligkeiten zum Anschlussflugzeug. Angetrieben vom Bodenpersonal (»Dawai!«) schafften wir es gerade noch in letzter Sekunde. Ansonsten hätten wir, ohne Visum zwei Tage im eiskalten Flughafen ausharren müssen. Jetzt war uns klar, warum der Flug zum Schnäppchenpreis angeboten wurde. Am Ende kamen wir wohlbehalten und in bester Krimsektlaune in Deutschland an.

Ein paar Tage später meldete sich schon das

Zollamt Frankfurt, die Fracht sei angekommen. Verwundert ließ ich alles ins damalige Zollamt Speyer schicken. »Lucky Transport« hatte, auf Anfrage der Zollbehörde, zu dem vereinbarten Preis nicht nur den wesentlich teureren Flugtransport übernommen, sondern sogar die Beförderung direkt nach Speyer. Das hätten wir nicht erwartet.

Im Anschluss klagten wir gegen die Reederei, die mit allen erdenklichen Raffinessen und zahlreichen Anwälten versuchte, Recht zu bekommen. Wir Musiker waren ja im Vertrag nicht namentlich genannt, aber unser Anwalt plädierte auf den Grundsatz »Vertrag für den, den es angeht«. Nach zwei Jahren gewannen wir letztendlich und bekamen die angefallenen Reisekosten und sonstigen Auslagen mit Zinsen erstattet.

Einer lachte sich bei dieser Aktion still ins Fäustchen: Der Urheber des ganzen Ärgers, unser Bandleader Pepe, hatte rein rechtlich nichts damit zu tun und wusch seine Hände in Unschuld – ein cleveres Kerlchen.

»Die Gerechtigkeit wohnt in einer Etage, zu der die Justiz keinen Zutritt hat.« schrieb einmal Friedrich Dürrenmatt. Allein der Herr Konsul in Singapur erhielt Zutritt – später kam uns nämlich zu Ohren, das Schifffahrtsamt hätte unserem damaligen Kapitän das Patent entzogen. Amen.

# EGON UND DIE MILBEN

In Cartagena, Kolumbien, fuhren wir Musiker mit dem Taxi zu einem Ort, den man nur hinter vorgehaltener Hand nannte, denn wir hatten gehört, dort könne man billig Papageien kaufen. Gerd und ich wollten jeder einen mit nach Deutschland nehmen.

Ein einheimischer Führer geleitete uns zu einem Hinterhof, in dem ein notdürftig mit Maschendraht umzäunter Verschlag aufgestellt war. Schweine, Affen und Papageien teilten sich diesen Stall. Ein bisschen erschrocken waren wir schon, als wir die Zustände sahen. Wir zögerten und Unsicherheit machte sich breit.

Als Männer der Tat kamen wir aber letztendlich doch in Verhandlungen mit dem Besitzer. Ich suchte mir den armseligsten Papagei aus – eine Gelbstirnamazone mit grünem, lückenhaftem und zerzaustem Gefieder. Der

Vogel war ein Bild des Jammers, aber er schaute mich zutiefst traurig an, dass ich nicht anders konnte, und ihn für umgerechnet 80,- DM kaufte. Das war ein Zehntel des Preises in Deutschland. In einem winzigen Käfig konnte ich ihn dann mitnehmen. Gerd erstand einen riesigen roten Ara.

Zurück auf dem Schiff wurde mir erst klar, was ich mir da aufgehalst hatte. Ich nannte den Papagei Egon, in der Annahme, er sei männlich. 20 Jahre später legte »er« dann ein Ei.

Egon vermochte bald, seinen Namen zu sprechen, nachdem ich diesen unentwegt artikulierte. Man konnte sogar den Gemütszustand an der Art seiner Aussprache erkennen. Wenn er Angst hatte, klang »Egon« kläglich und langgezogen, im Gegensatz zu einer kurzen, entschlossenen Variante bei dem Verlangen nach Futter.

Am Anfang musste ich ihn mit gekochtem Reis und Vitamintropfen aufpäppeln. Etwas anderes fraß er nicht.

Ich hatte eine Kajüte mit Etagenbetten. Das

obere, schön vogelgerecht abgedeckt, war für Egon reserviert. Manchmal saß er auch im Bullauge hinterm Vorhang, wo er das Meer beobachtete. Wenn er den Kopf an der Seite herausstreckte, rief er immer »Egon« und kopierte das Affengeschrei oder das Grunzen der Schweine aus seinem ehemaligen Stall.

Mit der Zeit wurde aus ihm ein wunderschöner, zutraulicher Papagei mit herrlichem Gefieder. Die russischen Zimmermädchen auf unserer Station liebten ihn und waren deshalb andauernd bei mir in der Kabine. Ein netter Nebeneffekt.

Egon verbrachte den Rest der Reise und die ganze Atlantiküberfahrt bis Genua in der Kabine. Dort verließen wir das Schiff und fuhren mit dem Zug nach Deutschland. Das Vögelchen döste, dank einer ganz geringen Menge Schlafmittel, in meiner Neckermanntasche. Vom Schiffsarzt wusste ich, wie ich dieses zu dosieren hatte. Ein gesprächiger kolumbianischer Papagei ohne Papiere könnte ja an der deutschen Grenze Ärger machen.

Zuhause angekommen, bemerkte ich an meinem Körper kleine milbenartige Tierchen, die mir große Sorgen bereiteten. Da ich immer nach meinen Reisen vorsorglich beim Hautarzt vorsprach, wurde ich auch dieses Mal wieder vorstellig. Der enge Kontakt mit den unwiderstehlichen Einheimischen aller Herrenländer könnte ja durchaus irgendwann einmal zu Komplikationen an noch dringend gebrauchten Körperteilen führen.

Als erstes machte ich den Arzt auf die besorgniserregenden Milben aufmerksam. »Wahrscheinlich wurden die von meinem Papagei übertragen«, meinte ich. Laut lachend inspizierte er die kleinen Mitbewohner: »Herr Sailer, Sie können mir glauben, Ihr Papagei hat keine Filzläuse.«

Das saß und ich war im weiteren Verlauf der Untersuchung etwas wortkarg. Der Arzt bestätigt mir ansonsten eine gute Gesundheit. Wo ich mir die Filzläuse eingefangen hatte, konnte ich nicht mehr nachvollziehen.

Alsdann blieb mir noch der schwere,

unausweichliche Gang zur Apotheke. Ich fuhr sehr langsam dort hin und musste mich vor dem Eingang zunächst sammeln, öffnete dann aber die Tür und schritt mutig zur Theke. Es waren noch fünf andere Kunden da und jede Menge geschultes Verkaufspersonal, die alle um die Wirkung der Medikamente Bescheid wussten.

Ich überlegte mir, wie ich die peinliche Bestellung schadlos überstehen sollte. Zahlreiche Umschreibungen, wie Juckreiz oder außergewöhnliche Hautreaktionen, fielen mir ein. Sogar Schädlingsbekämpfung zog ich in Erwägung. Ich entschloss mich aber doch, das Kind beim Namen zu nennen: »Jacutin-Gel«, flüsterte ich leise der gutaussehenden Apothekenhelferin zu, die sofort rot anlief. Anscheinend war ich nicht leise genug, denn auf der Stelle nahm meine soziale Stigmatisierung ihren Lauf und um mich herum bildete sich eine feindselige Kluft zu den Mitmenschen. Alle wussten, was es mit diesem Medikament auf sich hatte.

Das Apothekenfräulein holte sichtlich verlegen die Arznei und erklärte mir dann deutlich, wie man sie anwendet und überhaupt, dass Läuse bei dieser Anwendung ersticken und man sich deshalb solange nicht waschen darf. Darauf begab ich mich im Spießrutenlauf zum Ausgang und verließ geläutert und demütig die Apotheke.

Die nächsten drei Tage musste ich, einsam mit diesem klebrigen Gel am Körper, verbringen. Nach der folgenden, sehr ausgiebigen Dusche hatte sich die Sache erledigt. Allerdings habe ich noch Wochen danach meinen Körper nach »Milben« abgesucht, Gott sei Dank erfolglos.

Der zu Unrecht verdächtigte Egon lebt heute bei meiner Nichte und ist putzmunter. Er hat dort eine riesige Voliere, wo er sich wohlfühlt und viel erzählt, wahrscheinlich von Affenkäfigen und Bullaugen.

# JÖRG KNÖR
## UND
## HANS-DIETRICH
## GENSCHER

# MAN MUSS DAS GRAS
# WACHSEN HÖREN KÖNNEN

Kurz nach der Wende hatte man uns für eine Faschingsveranstaltung in die Tiefen des Ruhrgebiets hineinbeordert. Wir fanden uns in einem Saal voller außer Rand und Band geratener Jecken wieder. Unsere Aufgabe war es, Jörg Knör, den Parodisten und Allroundkünstler, musikalisch zu begleiten.

Es gab eine weitere Band neben uns auf der Bühne, über die wir uns diebisch freuten. Wir nannten sie »Tuschband«, weil sie den undankbaren, etwas volkstümlicheren Teil des Abends bestritt. Einen Tusch zu spielen, ist, was nicht viele wissen, eine Kunst für sich. Man muss als ausführendes Organ in der Lage sein, selbstständig die Situation zu beurteilen. War das gerade ein Witz, ist der Redner fertig damit oder killen wir die Pointe, wenn wir jetzt einen Tusch spielen?

Wie man sieht, lastet eine große Verantwortung auf einer tuschspielenden Kapelle. Deshalb gaben wir diese Aufgabe gerne in die Obhut unserer Kollegen.

Mitten im Publikum saß, gut aufgelegt, Hans-Dietrich Genscher mit Narrenkappe in Begleitung der Gattin.

Zu fortgeschrittener Stunde war Jörg Knör mit seiner Show an der Reihe. Er ist ein Unterhalter der intelligenteren Sorte, eloquent, mit jugendlichem Charme, schlagfertig, mit zahlreichen Talenten wie zum Beispiel Saxophonspielen, Zeichnen, Karikieren, Singen und Gedichte aus dem Stegreif reimen. Seine damalige Haupttätigkeit aber war das Parodieren von Prominenten mit Stimme und Mimik in verblüffender Echtheit.

Ein wenig erinnerte mich Jörgs Frisur seinerzeit an die des jungen Hape Kerkeling, mit der blonden Locke, die sich immer wieder auf dem Weg zur Stirn selbständig machte. Stets adrett gekleidet, mit einem verschmitzten

Lächeln war er »Everyone's Darling« und der Traum jeder potenziellen Schwiegermutter.

Dass Genscher in der ersten Reihe saß, war für den pfiffigen Entertainer mehr als ein Geschenk. Er bat den Minister kurzentschlossen auf die Bühne, um ihn zu karikieren. Genscher, in seiner coolen, volksnahen Art, ließ sich das nicht zweimal sagen, begab sich bedächtigen Schrittes zur Bühne und stand alsbald neben Jörg, der sofort eifrig mit Zeichnen und Singen loslegte.

Der Politiker hatte ein Glas Wein mit hochgenommen, das er locker in der Hand hielt. Da er augenscheinlich nicht mehr ganz sicher auf den Beinen war, drohte sein Glas ein paar Mal nach hinten wegzukippen und schwappte über.

Jörgs wachem Blick entging das nicht und er fühlte sich in der Pflicht, die Situation in weniger peinliche Bahnen zu lenken. Kurzerhand unterbrach er seinen Beitrag und bat den Minister um dessen Glas. Dieser kam der Bitte gerne nach und reichte es Jörg, der gleich die

Hälfte von Genschers Wein in sein eigenes Glas umfüllte, um weiteres Verschütten zu verhindern. Dabei erklärte er: »Herr Minister, wir teilen uns das jetzt«, worauf dieser weihevoll erwiderte: »Nein, junger Mann, wir vereinigen uns.«

Der Geist der Wende wurde spürbar im Saal. Die Narren wurden ernst. Daraufhin nahm der Politiker Jörg den Stift aus der Hand und malte sich selbst auf dem Bild riesige Ohren mit den Worten: »Man muss das Gras wachsen hören können.«

Die Narren wurden wieder lustig. Genscher schnappte sich Jörgs Mikrofon, übernahm die Show und erzählte Anekdoten und Witze bis der Saal kochte. Seine großartige Wortwahl und die jahrzehntelange Erfahrung stützten die Rede wie die Säulen das Brandenburger Tor.

Abschließend ließ er es sich nicht nehmen, sein inzwischen geschichtsträchtiges Lieblingslied mit uns zu singen: »So ein Tag, so wunderschön wie heute«, was in Anbetracht seines inneren Feuchtigkeitsgehaltes eine weitere, eindrucksvolle Leistung darstellte.

Jörg durfte danach seine Show fortsetzen und der Politiker verließ unter tosendem Applaus die Bühne.

Hans-Dietrich Genscher war, neben seiner politischen Kunstfertigkeit, ein überaus freundlicher Zeitgenosse. Wir trafen ihn des Öfteren und machten uns einen Spaß daraus, ihn immer wieder als unseren Bandsänger zu begrüßen, was ihm jedes Mal sichtlich Freude bereitete.

Es gibt kaum einen Politiker, den ich mir so zurückwünsche wie ihn.

# NOBLESSE OBLIGE

# DAS KETCHUP

Eine bedeutende Versicherungsgesellschaft hatte uns für ein Konzert in Monaco gebucht, inklusive Anreise per Linienflug und zwei Tagen Aufenthalt. Dort angekommen hatten wir ausreichend Zeit bis zu unserem Auftritt im »Hôtel de Paris«.

Der Veranstalter lud uns ein, in einem der hauseigenen Restaurants zu speisen. In diesem traditionsreichen, weltweit führenden Luxushotel waren unsere Erwartungen an die Küche extrem hoch. Wir sollten nicht enttäuscht werden.

Liebenswürdigerweise bedachte uns der Küchenchef mit einem fürstlichen 3-Sterne-Menü. Ein Bataillon von Kellnern beglückte uns kurze Zeit später mit winzigen Köstlichkeiten, die sich, einmal im Gaumen weilend, sofort an sämtlichen Sinnen vergingen. Himmlische Genüsse, die ich mit nichts hätte eintauschen wollen.

Es geschah während des Hauptgangs: Ich schwebte geschätzt einen halben Meter über meinem Stuhl auf dem Weg zum Gourmethimmel, als mein amerikanischer Kollege nebenan einen der zehn für uns abgestellten Bediensteten um Ketchup bat. Klaglos brachte dieser, mit versteinerter Miene, das grobe kulinarische Ärgernis.

Ich schwöre, dass mein Mitmusiker das Zeug, ohne nur eine Sekunde zu zögern, über den köstlichen Traum von inbrünstig drapiertem Filet mit kleinem geschäumtem Etwas schüttete.

Dem Satz, den mein Gehirn als Reaktion darauf instinktiv bildete, konnte ich, kurz bevor er meine Stimmbänder erreichte, glücklicherweise Einhalt gebieten.

Dennoch fragte ich mich in dem Moment, was denn eingetreten wäre, hätten die Amerikaner sich nicht unter Umgehung jeglicher Kultur entwickelt. Gäbe es dann überhaupt Ketchup?

# DER HUMMER

Einer der größten Hersteller von Mineral-
wasser war unser Auftraggeber für ein Event
mit Musik, Show und Unterhaltung. Die Gäste
kamen in Abendgarderobe und auch wir waren entsprechend gekleidet: mit klassischem
Smoking und unsere Sängerinnen mit aufwen-
digen, glitzernden und freizügigen Kleidern,
wie sie bei den lateinamerikanischen Tanz-
meisterschaften verwendet werden.

In einem eigens dafür leergeräumten Saal
hatte man ein riesiges Büffet aufgebaut, mit allem, was das Herz begehrt. Es gab köstliche
Fleischzubereitungen aus Lamm, Rind und
Geflügel, allerlei leckere Beilagen, exotische Fi-
sche und erlesene Meeresfrüchte, frisches Obst
und alle Arten von Käse. Die Speisen waren
liebevoll drapiert, verführerisch und raffiniert
angerichtet.

Der Regent aber lag ganz oben, still, elegant

und siegessicher. Im Zentrum des Büffets thronte der majestätische Hummer auf einer silbernen, mit Eis bedeckten Etagere, umrahmt von Flusskrebsen und Garnelen, die aussahen, als knieten sie, wie das Fußvolk, vor den Füßen des roten Machthabers. Komplettiert wurde das Arrangement mit kunstvoll geschnittenen Zitronenhälften. Man verfiel in eine andächtige Haltung beim Anblick dieses Schreins.

Die Gäste standen ungeduldig, die Eröffnung abwartend, in weitem Halbkreis um das Büffet. Gedrängt, entlang der Wände des Raumes, versuchten sie den günstigsten Startpunkt für ihren Angriff anzuvisieren.

Wir standen ganz hinten und warteten geduldig, als unser amerikanischer Schlagzeuger – elegant schreitend – die Szene betrat.

Seine Fliege war geöffnet und hing wie ein kleiner Schal um den offenen Hemdkragen. Dem Seitenscheitel geschuldet, hatte er immer eine schräge Kopfhaltung, da seine Haare meistens im Gesicht hingen, wie auch an diesem Abend. In der linken Hand hielt er eine

Flasche Bier, an der er kurz nippte, bevor er zum Büffet schlenderte. Dort angekommen, griff er sich in aller Ruhe den Hummer, legte ihn auf einen Teller und verließ damit, unter den entsetzten Blicken der Gäste, den Raum. Wir erstarrten, ob dieser Blasphemie und konnten nicht begreifen, was da gerade passiert war. Ihn zurückzuhalten hätte wahrscheinlich nicht funktioniert und noch mehr Aufsehen erregt.

Es kam unweigerlich zum Eklat mit den Gastgebern, die kein Verständnis zeigten für solch ein Verhalten. Den restlichen Abend konnten wir zwar zur Zufriedenheit des Veranstalters abwickeln, haben aber danach nie mehr etwas von dieser Firma gehört.

Es ist sicher müßig darüber nachzudenken, was ihn da geritten hat. Musiker tun manchmal solche unvorhersehbaren Dinge. Ich erinnere in dem Zusammenhang gerne an das Lied von Reinhard Mey: »Musikanten sind in der Stadt«.

# POSTSOZIALISTISCHE GENÜSSE

Die Mauer gehörte der jüngeren Vergangenheit an. Während dieser Zeit des Umbruchs traten wir im Hotel Maritim in Magdeburg auf. Nach der gelungenen Show mit Franco Ferrari schlenderten Edi, unser Drummer, und ich durch die verschiedenen Veranstaltungsräume, als wir unvermittelt vor einem verwaisten Silbertablett standen, mit einem Berg frischer Austern auf Eis. Daneben kleine Teller und sonst nichts. Kein Gast weit und breit.

Die Veranstaltung war zu Ende und die Menge der übriggebliebenen Delikatesse war scheinbar dem über vierzig Jahre austernfreien Sozialismus geschuldet, so unsere Vermutung.

Da ich solche Gaumenfreuden nicht unbedingt verabscheue, hielt ich es für erforderlich, sofort eine zu versuchen. Nach diesem gelungenen Einstieg ließ ich mich daneben nieder. Edi, selbst Vegetarier, kam aus dem Grinsen nicht mehr heraus, während er mich beobachtete. Eine Auster nach der anderen fand ihren Weg in meinen kurzfristig unterforderten Magen.

Einige Gäste kamen zwischenzeitlich vorbei und inspizierten fragend das Tablett. »Rohe, lebende Austern«, belehrte ich sie vehement, mit dem ehrgeizigen Bestreben, nicht teilen zu müssen, worauf sie sich angewidert abwandten und davoneilten.

Kurioserweise wurde mir danach nicht übel, obwohl diese Völlerei das Märchen vom Schlaraffenland erschreckend realistisch nachempfand.

*»In allen Dingen ist der größten Lust der Ekel benachbart.«*

Cicero

# DIE
# ROSENMONTAGS-
# KAPELLE

# ES WAR EINMAL

Während meiner Zeit als Wehrpflichtiger bei der Bundeswehr in Speyer fragte mich ein Leidensgenosse aus einer anderen Kompanie, der bemerkenswerte Schlagzeuger Carlo, ob ich am Rosenmontag mit ihm auf einer Faschingsveranstaltung spielen könne. Es sollte für jeden 200,- DM geben, was schon mal mehr war als mein Sold für einen ganzen Monat.

Klar, ich war dabei. Allerdings brauchten wir noch einen Bassisten und einen Gitarristen. Ich rief ein paar Bekannte an, erklärte die Situation und alle sagten zu.

Am Rosenmontag kamen wir in Limburgerhof beim Veranstaltungsort an. Es war eine Gaststätte mit großem Saal. Wir bauten unsere Habseligkeiten auf. Keiner von uns hatte eine Gesangsanlage, alle hatten alte Geräte, die man heutzutage nicht einmal im Proberaum benutzen würde.

Der Saal war brechend voll. Jeder Platz war besetzt und wir spielten, ungeprobt, so gut wir konnten. Leider war keiner der mitwirkenden Musiker als Sänger vorgesehen. Notgedrungen intonierten wir bekannte, instrumentale Stimmungslieder. Ich gab die Melodie auf der Orgel vor, die anderen hängten sich dran. Walzer - Marsch - Walzer - Marsch etc.

Die Leute tanzten und – in Ermangelung einer Singstimme auf der Bühne – nahmen sie diesen Teil selbst in die Hand. Jetzt hatten wir die Situation, dass wir den Saal bei seiner Gesangsdarbietung begleiten durften.

In einer kurzen Pause beratschlagten wir, wie wir den Abend retten könnten und entschlossen uns, doch selbst zu singen.

In Carlos Schlagzeugtasche fanden wir ein altes Tonbandmikrofon von Grundig, diese grauen, länglichen Plastikspielzeuge, die immer wie eine sprechende Puppe klangen. Beherzt schlossen wir es an den Bassverstärker an.

Ich machte den Anfang und sang »Tutti Frutti« von Little Richard, denn ich hatte zufällig ein paar Noten mit Texten dabei. Ein Gast tanzte während meiner Gesangsdarbietung an der Bühne vorbei und meinte: »Ist Euer Sänger heiser?«

Carlo übernahm daraufhin den Gesangspart. Wie seine Stimme über das unsägliche Mikrofon klang, kann man fast nur in Fäkalsprache beschreiben.

Einen Mikrofonständer hatte er nicht und nahm deshalb kurzentschlossen das Teil in die linke Hand. Mit der Rechten spielte er Schlagzeug und sang dabei das schöne Stück »Es war einmal ein treuer Husar«. Niemand von uns, so auch Carlo, kannte den Text dieses Liedes. Der wurde deshalb hemmungslos von ihm variiert und angepasst:

»*Es war einmal,*
*es war einmal,*
*es war einmal,*
*es war einmal.*

*Es war einmal,*
*es war einmal,*
*es war einma-al,*
*es war einmal …«*

Carlo zog das so durch bis zum Schluss. Ich habe das Stück niemals wieder in dieser Vollendung gehört.

Der Saal war, zur Erinnerung – es war Rosenmontag, um 23 Uhr leer. Mit verbitterter Miene servierte uns der Wirt ein trockenes Schnitzel und zahlte fast weinend die Gage aus. Wir haben ihn nie wieder getroffen.

# BALL PARADOX, HAMBURGER TUNTENBALL

# SODOM UND GOMORRA
## IM BESENBINDERHOF

E inmal im Jahr freuten wir uns ganz besonders darauf, in Hamburg auf dem glamourösen Tuntenball, im altehrwürdigen Besenbinderhof, spielen zu dürfen. Die Veranstaltung war legendär und die Gäste reisten aus ganz Deutschland an.

Sobald man in diesen alten Gemäuern den Fuß über die Schwelle gesetzt hatte, wandelte man in einer anderen Welt. Fabelwesen in höchst aufwändigen Kostümen, freche Nixen, majestätische Königinnen, mondäne Diven, erotische Latexnonnen, Pfauenmenschen mit zwei Meter breitem Federkleid, Burlesque-Tänzerinnen, strenge Lederträgerinnen mit Ketten und Peitschen, brasilianische Strandschönheiten in Tangas und Highheels, aber ebenso vereinzelte Männer im Smoking mit penibel gezogenem Kajalstrich, Lidschatten und Rouge auf den Wangen, gaben sich die Ehre.

Selbst Fellini hätte Gefallen gefunden an dieser alljährlichen Filmkulisse. Verständlich, dass die schönsten Kostüme gebührend prämiert wurden, was den »Damen« genug Anreiz gab, sich jedes Mal prächtigere und fantasievollere Verkleidungen auszudenken.

Die »zivil« gekleideten Damen waren meistens echt und dem eigenen Geschlecht zugewandt. Alles war anders als es den Anschein hatte und die Veranstaltung hatte deshalb den Untertitel »Ball Paradox«.

Der Gastgeber Ludwig umsorgte uns aufopfernd, sodass es uns an nichts fehlte. Es waren jeweils zwei oder drei Stargäste zu begleiten: Meistens war ein(e) Zarah Leander dabei. Wir hatten dort jede Menge Spaß und machten nach dem Auftritt regelmäßig, samt unseren Gastgebern, die einschlägigen Bars in St. Georg unsicher.

Meine Frau Annette war öfter dabei und hatte, selbst als »echte« Frau, immer große

Freude. Als sie zum ersten Mal mitfuhr, musste sie dort auch mal die Toilette aufsuchen, insgeheim die Vorfreude hegend, dass sie in der Damentoilette gähnende Leere vorfinden würde.

Zu ihrer Überraschung kam sie dort kaum noch durch. Natürlich wurde sie sehr zuvorkommend bei ihren »Geschlechtsgenossinnen« aufgenommen.

Was dagegen die Damen überhaupt nicht verstehen konnten und zu allgemeinem Entsetzen und mitfühlendem Unverständnis führte, war die Tatsache, dass Annette keinen Spiegel in ihrer Tasche dabeihatte. Was für eine Schande.

Stephan, unser Cheftechniker, schlank und hochgewachsen, hatte zu seinem Leidwesen alle Chancen bei den Herren Damen. Da wir jahrelang auf dem Ball spielten, wusste er, wie man geeignete Maßnahmen ergreift.

Da es erforderlich war, mitten im Saal aufzubauen, reihte er so viele Geräte um sich auf, dass eine richtige Mischpult- und Geräteburg im Saal entstand, die im Besonderen seinen Rücken schützte.

Als Resultat wurde er aber jetzt von vorne hofiert und konnte sich vor Avancen und An-machen kaum noch retten, von denen die meisten sogar mit ständigem Blickkontakt er-folgten. Dumm gelaufen.

# JOY FLEMING UND DIE STÜRMISCHE BEERDIGUNG

Einer der Stars auf dem Tuntenball war Joy Fleming. Wir sollten die Show der Mannheimer Ikone begleiten. Einerseits war es schön, im hohen Norden den eigenen Dialekt zu hören, andererseits fragte ich mich, wie dieser doch etwas herzhafte Lifestyle in eine solch glamouröse Umgebung passen sollte.

Nachmittags war eine Probe angesetzt. Dabei teilte Joy Noten aus, die man in einigen Fällen nicht unbedingt als solche bezeichnen konnte. Da bei einem Stück die Trompetenstimme gänzlich fehlte, meinte sie zu unserem Trompeter: »Guggscht halt beim Saxophon noi!« Er war zwar Amerikaner, verstand aber, dank ausladender Mannheimer Gestik, was gemeint war.

Joy heizte uns bei der Probe dermaßen ein, dass ich ihr danach, ganz außer Atem, gestand:

»Jetzt hast Du aber ziemlich Gas gegeben!«, worauf sie entgegnete: »Das war erst der zweite Gang, heute Abend gebe ich Vollgas.«

So kam es, dass wir bei der Show den ersten Song »I Say A Little Prayer« spielten, aber die Gäste keinerlei Reaktionen zeigten, höchstens ein verhaltenes, höfliches Klatschen. Wir befanden uns also noch im Leerlauf. Joys Kommentar über das Mikrophon: »Was ist denn das für eine Beerdigung, sind wir hier auf dem Friedhof?« Die nachfolgenden Worte lasse ich jetzt wohlwollend weg.

Joy warf daraufhin, wie versprochen, den Turbo an. Man kann es nicht anders beschreiben, aber ab diesem Augenblick beschleunigte sie wie ein Düsenjet. Sie feuerte ihre Energie buchstäblich ins Publikum, dass es eine wahre Freude war und sie lieferte eine fulminante Show, die alle Gäste und vor allem uns begeisterte. Joy brachte uns in Hochform.

Am Schluss stand der ganze Saal. Als Zugabe spielten wir spontan »Oh Darling« von den Beatles, ungeprobt und ohne Noten.

Joys klare Anweisung: »Hänn er des druff? Des schääne Lied wärd viel zu wennisch geschpielt. Auf geht's!«

Ich musste meinen amerikanischen und deutschen Kollegen das eben Gesagte übersetzen und schon konnte es losgehen – Ball Paradox mit Kurpfälzer Hilfe.

Mit solch einem Zugpferd wie Joy war auch das kein Problem.

# ZARAHS DROHUNG

Kein Tuntenball ohne Zarah Leander. Dieses Mal war sie mit High Heels weit über zwei Meter groß, hatte das Kreuz eines DDR-Kampfschwimmers und eine tiefe, sonore Stimme. Gloria war Zarah und ich der Begleiter am Klavier.

Kurz vor ihrem Auftritt stand sie in vollem Ornat mit ihrem »Toy Boy«, einem zwei Köpfe kleineren, gutaussehenden und zarten Jüngling hinter der Bühne und wartete.

Ich hatte mir erlaubt, dort mit einem Bier in der Hand an Gloria vorbeizugehen, als sie mich unwirsch anhielt: »Wenn Du jetzt noch ein Bier säufst, hau' ich Dir meine Titten um die Ohren!« Ich bekam Angst und stellte das Glas sofort ab.

# RICKY SHAYNE
## OHNE KOMPLIMENTE

Auch er war auf dem Tuntenball engagiert. Der Sänger mit der rauen Stimme war der Inbegriff eines Machos, wie er im Buche steht. Ich hatte seine Songs noch in den Ohren aus meiner Jugend, als diese auf jeder Kirmes im Autoscooter oder in der Raupe zu hören waren: »Ich sprenge alle Ketten« oder »Mamy Blue«. Damals war er der absolute Frauenschwarm, mit weit offenem Hemd, haariger Brust und dicker Goldkette. Es gab von ihm seinerzeit sogar einen oder zwei Starschnitte in der BRAVO. In der ZDF-Hitparade war er sowieso Dauergast.

An diesem Abend spielten wir mit ihm seine großen Hits, einige Italo-Popsongs und waren überrascht, wie gut er immer noch sang. Er begeisterte mit einem charismatischen Auftritt.

Nach der Show standen wir zusammen neben der Bühne, Ricky, dessen Begleiterin, meine Frau Annette und ich. Erst jetzt bemerkte er, dass außer unseren beiden Frauen und ein paar Lesben nur verkleidete Männer da waren.

Erschrocken, in einer Anfallsmischung aus Staunen, Ärger und Verständnislosigkeit, regte sich der alle Klischees abdeckende Chauvi dermaßen auf, dass er nicht mehr zu beruhigen war und erbost den Saal verließ. Rickys Begleiterin lief kopfschüttelnd hinterher. »Ich mache keine Komplimente« war auch einer seiner Hits. Passt.

# SAMBA, BOHNEN UND REIS

Nach dem Tuntenball besuchten wir einmal ein brasilianisches Lokal in der Nähe der Reeperbahn. Es spielte eine ausgezeichnete Samba-Band nach der anderen. Ein langes Büffet war aufgebaut und wir durften auf Nachfrage essen, so viel wir wollten – kostenlos. Es stellte sich heraus, dass ein adliger Gast, man raunte, er sei von königlichem Blut, Geburtstag hatte und er sämtliche Kosten übernahm.

Wir ließen uns das nicht zweimal sagen und erforschten die exotischen Speisen. Annette schöpfte sich, unter anderem, Reis und schwarze Bohnen auf den Teller. Nach den ersten Bissen meinte sie hüstelnd: »Mann, sind die Bohnen scharf.« Alle sofort: »Du musst mehr Reis essen, das neutralisiert.« Sie beherzigte den Rat, was, wie sich herausstellte, ein Fehler war. Extrem scharfen Reis hätte keiner von uns vermutet.

# DER
# PUERTO-RICANISCHE
# TRIEBTÄTER

# HINTER GITTERN

Wir hatten einen erstklassigen Perkussionisten aus Puerto-Rico in unserer Band. Ricky hatte sich zugegebenermaßen der deutschen Pünktlichkeit bisher nicht in vollem Umfang angepasst. So war es nicht verwunderlich, dass er einmal nachmittags bei den Proben nicht anwesend war. Niemandem bereitete das Sorgen.

Normalerweise kam er irgendwann um die Ecke mit seinem sonnigen Lächeln, als wäre nichts geschehen und alles war gut. Termine waren für ihn Variablen – puerto-ricanischer Lifestyle in Vollendung. Damit mussten wir leben, aber er war es wert und niemand konnte ihm deshalb böse sein.

Ricky fuhr normalerweise immer mit dem Zug und der S-Bahn zum Auftritt. So auch an diesem Tag. Im Abteil saß er gegenüber einem älteren Ehepaar, das ihn besorgt musterte. Das interessierte ihn reichlich wenig, war er es doch gewohnt, mit seinem südländischen Erscheinungsbild als exotisches Exponat in einem fremden Land betrachtet zu werden.

Während des Aufenthaltes an einem Bahnhof stieg der Ehemann kurz aus, um etwas zu besorgen. Er kam wieder und setzte sich neben seine Frau, ohne ein Wort zu sagen. Die beiden schauten sich mit konspirativen Blicken an. Ricky dachte sich nichts dabei und war froh, bald anzukommen.

Am Zielbahnhof nahm er sein Gepäck und wollte den Zug verlassen, als plötzlich die Polizei vor ihm stand, mit gezogenen Waffen. Er wurde durchsucht und dann gebeten, mitzukommen, was er ohne Widerrede tat. Sein Kleidersack und die Tasche wurden in Beschlag genommen. Zumindest musste er diese nicht mehr selbst tragen.

Anschließend wurde er ins Polizeirevier gebracht, wo er über die Maßnahme aufgeklärt wurde: Das Ehepaar im Zug hatte ihn als gesuchten Triebtäter erkannt und während des kurzen Aufenthaltes telefonisch Meldung bei der Polizei gemacht.

Ihm wurde das maßgebliche Phantombild vorgelegt und es hatte in der Tat eine gewisse Ähnlichkeit. Nach Abnahme der Fingerabdrücke wurde er in Untersuchungshaft gebracht.

Stundenlang saß er aufrecht auf dem harten Bett in seiner Zelle und wusste nicht, wie es weitergeht. Eine bange Zeit voller Ungewissheit. Wird er angeklagt werden, unschuldig, wie er es so oft in Filmen gesehen hatte? Er wartete auf ein Wunder und sehnte sich zutiefst nach Puerto Rico zurück.

Nach einer halben Ewigkeit, nach erneuten Befragungen und der Prüfung aller relevanten Fakten bestätigte sich letztendlich seine Unschuld und er wurde auf freien Fuß gesetzt.

An diesem Tag lächelte er nicht, als er bei uns ankam und ich lernte ein paar spanische Schimpfwörter.

# DER
# UNVERFRORENE
# DRUMMER

# VERZERRTE WAHRNEHMUNG

Er rief an und bat mich um Hilfe, ein bekannter Schlagzeuger mit einer überirdischen Spieltechnik am Instrument, der aber mit Tönen und Harmonielehre nicht viel anzufangen wusste und auch heute noch damit hadert.

»Könntest Du mir für meinen neuen Song ein paar Spuren mit dem Keyboard einspielen?«, fragte er. Dass es kein Geld dafür gab, war mir klar.

Ich hatte aber gerade Zeit, ließ mich darauf ein und fuhr zu seinem Proberaum, den er auch gerne Studio nannte. Darin hatte er alle Arten von Schlagzeug, Perkussion und ein Bandgerät aufgestellt. Ich schleppte meine Keyboards hinein. Damals war alles noch groß und schwer, aber ich war jung und hatte damit keine Probleme. Eine halbe Stunde später hatte ich aufgebaut und es konnte losgehen.

Der Song bestand aus einem vorher aufge-
nommenen Drum-Beat. Sonst nichts.

»Ich brauche zuerst einen Bass«, schlug er
vor.

»Was für einen Bass? Hast Du Noten?«

 »Nein«, sagte er.

»Hast Du Harmonien, Akkorde?«, war meine
nächste Frage.

»Nein.«

»Hast Du eine Melodie oder vielleicht eine
Idee?« Ich war am Grübeln.

»Nein, aber Du könntest ja improvisieren. Es
muss nur zu meiner Schlagzeugspur passen.«

Gesagt, getan. Ich fing an, im Kopf Akkorde
aneinander zu hängen und dazu eine Basslinie
zu komponieren, die außer Groove auch noch
Musik machte. Irgendwann ergab alles Sinn
und passte zusammen.

Ich komponierte weiter und spielte eine
neue Spur am E-Piano ein. Jetzt konnte man
schon vage ein Stück erkennen. Danach kamen
ein paar Synthesizer-Flächen, ich simulierte
eine Gitarre und schließlich rundete eine

Melodie das Ganze ab. So war an diesem Nachmittag, nach vielen Stunden, ein neuer Song entstanden.

Als wir danach so dastanden und das aufgenommene Werk im Zusammenhang hörten, meinte der Kollege in allem Ernst:

»Na, wie findest Du MEIN neues Stück?«

# JOHNNY LOGAN

# NACHTS IM HOTEL

Es hat uns immer große Freude bereitet, mit Johnny Logan, dem zweimaligen Gewinner des Grand Prix d'Eurovision, heute Eurovision Song Contest, zu arbeiten. Er ist ein netter und kollegialer Künstler, ein großartiger Sänger und Komponist (»What's Another Year« und »Hold Me Now«) mit ausgeprägtem irischem Humor.

In unserer Band hatten wir drei gutaussehende Sängerinnen, die nebenbei exzellent singen konnten, sogar vom Blatt bei Begleitungen, was in der Branche nicht gang und gäbe war. Alle Solisten freuten sich, dass sie – neben einer ausgezeichneten Band – bei uns einen kostenlosen Chor dazubekamen.

Im Hotel, am Morgen nach einem Konzert, saßen wir alle beim Frühstück. Johnny kam zur Tür herein, setzte sich zu uns und bemerkte völlig aufgelöst: »Wisst Ihr, wer heute Nacht bei mir an die Tür geklopft hat?« Alle Musiker schauten irritiert auf unsere Sängerinnen, denen es sichtlich unangenehm war. Jeder machte sich so seine Gedanken.

Nach einer Weile offenbarte Johnny entrüstet: »Nobody!«

# DIE DANKSAGUNG

Wenn wir mit Johnny Logan arbeiteten, war meistens meine Frau Annette als Zuschauerin und großer Fan des Sängers dabei. Einmal verfolgte sie die Show mit Johnny von der seitlichen Bühne aus. Danach ging sie zu unserer Garderobe, um auf uns zu warten.

Auch Johnny verschwand hinter der Bühne und traf dort die völlig perplexe Annette. Er ging auf sie zu, schüttelte ihr die Hand und bedankte sich überschwänglich bei ihr für die großartige Begleitung. Sie wusste gar nicht, wie ihr geschah, ließ ihn im Glauben, beteiligt gewesen zu sein, und nickte wohlmeinend. Ich glaube, sie hat sich tagelang nicht die Hände gewaschen.

# DER DREIFACHE BODYGUARD

Julia, eine unserer damaligen Sängerinnen, machte, nachdem sie bei uns aufgehört hatte, eine große Karriere, veröffentlichte einige Hits als »Juliette«, unter anderem den Song »The Last Unicorn« und ein herrliches Duett zusammen mit Lionel Richie.

Martina war ein Ausnahmetalent und damals auch in unserer auserwählten Riege der Sängerinnen. Chaka Khan meinte überaus begeistert, nachdem ihr Martina in der Garderobe vorgesungen hatte: »Hey, you sing like a black chick!«, was aus dem Mund eines Weltstars mehr als nur ein Lob ist.

Diese beiden, Julia und Martina, feuchtfröhlich im Hotelzimmer, nach einem Konzert mit Johnny Logan, sangen sich nachts die Seele aus dem Leib, indem sie »I Will Always Love You« aus dem Film Bodyguard so oft anstimmten, dass mit der Zeit ihre Stimmen kleinere

Defizite aufwiesen.

Aufgeschreckt durch die Lautstärke besuchten meine Frau und ich die beiden nachtaktiven Solistinnen. Annette konnte nicht anders und sang direkt freimütig mit. Wir hatten jetzt drei Stimmen und mich als verwunderten Zuhörer im Hotelzimmer.

Die drei dachten, trotz meiner vorsichtig geäußerten Bedenken im Traum nicht daran, sich zurückzunehmen, und präludierten weiter, was das Zeug hielt. Man konnte es im ganzen Hotel hören, da sie selbst ohne Mikrofon eine außerordentliche Lautstärke zustande brachten, besonders beim Refrain.

Am nächsten Morgen, Johnny Logan schimpfte, unausgeschlafen und missmutig, mit verbittertem Gesicht am Frühstückstisch vor sich hin: »Wer hat denn da die ganze Nacht gesungen?« Auf meine scheinheilige Frage, wieso er das wissen wolle, antwortete er mit breitem Grinsen: »Ich hätte gerne mitgemacht! Warum hat denn keiner was gesagt?«

# DAS BÜßERHEMD VON CANOSSA

Unser Posaunist Ludwig und ich standen nachmittags während eines Engagements in der Grugahalle in Essen mit Johnny Logans Bruder Mick zusammen, der die folgende Probe leitete, Gitarre spielte und herausragend sang. Er war der rockige Teil der beiden Brüder. Entsprechend Szene-kompatibel war sein Outfit.

Mick trug ein schrecklich altes, graues T-Shirt. Es hing an ihm herunter wie König Heinrichs Büßerhemd bei dem Gang nach Canossa. Ich glaube sogar, ein paar echte Löcher gesehen zu haben, aber nicht die hochbezahlten Designlöcher, die heute eingearbeitet werden.

Ludwig konnte es sich nicht verkneifen, ihn zu loben: »Da hast Du aber ein sehr schönes Hemd an«, worauf Mick mit stoisch-irischer Mimik antwortete: »Well, it covers me.«

# WORKOUT FÜRS KÖPFCHEN

# AUF DEM RHEIN OHNE NOTEN

Unsere Band bestand aus drei Sängerinnen, Günther, unserem Chef und
Sänger, fünf Bläsern, einer Gitarre,
den Keyboards, dem Bass, dem Schlagzeug
und der Percussion. Dazu kamen drei bis fünf
Roadies, Techniker etc., je nach Aufwand.

Eines Tages sollten wir für eine große Com-
puterfirma auf einem Ausflugsschiff der Reederei Köln-Düsseldorfer spielen. Ein paar
Stunden Fahrt auf dem Rhein klang für uns
fast wie ein bezahltes Wellness-Programm.

Als wir an Bord kamen, hatten unsere Roadies schon alles aufgebaut und angeschlossen.
Das Schiff legte ab und wir fingen mit dem
Soundcheck an, als wir bemerkten, dass sämtliche Noten noch an Land im LKW waren –
ohne Chance auf Abhilfe. Bestürzung be-
schlich unsere Truppe. Wie sollten wir es
schaffen, ein Programm mit ca. 300 - 400 Titeln

auswendig zu bewältigen?

Für die Rhythmusgruppe, also die Drums, den Bass, die Gitarre, die Percussion und die Keyboards war das zwar nicht bequem, aber irgendwie machbar.

Unsere Sängerinnen und Sänger mussten alle Texte und Stimmen in gewisser Weise herzaubern. Obwohl die bekannten Melodien dabei halfen, die Stücke einzuordnen, war das schon bedeutend heftiger und verlangte volle Konzentration.

Wenn man sich im Gegensatz dazu vorstellt, als Bläser einen ganzen Abend lang eine dritte oder vierte Stimme aus dem Gedächtnis abrufen zu müssen, manchmal alle 8 Takte ein oder zwei Töne, dann wieder 32 Takte Pause, zusammenhanglose Phrasen, die zum Teil nur im Verbund mit allen Instrumenten Sinn ergeben, dann ist das in der Tat beängstigend.

Aber nach dem ersten Titel schauten wir uns alle erleichtert an. Es hatte funktioniert. Mutig machten wir uns daran, den Abend ohne Noten zu bestreiten.

Die Band spielte wie immer. Es war ein Wunder und viel einfacher, als wir geglaubt hatten. Erstaunt sahen wir uns selbst zu und bemerkten, wie befreiend es war, keine Noten lesen zu müssen. Von den Gästen hatte niemand etwas mitbekommen und ehrlicherweise – wir auch nicht.

# DJANGOS ERBE

# DIE HARTE SCHULE DER SINTI

Meine »Jazzlaufbahn« fing damit an, dass mich Thomas, der Saxophonist aus Mannheim, anrief, ob ich denn im amerikanischen Club mitspielen könne. Ohne darüber nachzudenken sagte ich zu, wusste aber nicht, was für eine harte Lektion mich erwartete. Samstagnachmittags holten mich die anderen Musiker mit dem Bandbus ab. Wir verfrachteten meine Yamaha-Orgel mitsamt Leslie-Kabinett unter Aufbietung aller Kräfte in das Fahrzeug und fuhren los.

Ich war blutiger Anfänger und alle wussten das. Es herrschte ein barbarischer Zynismus in allen Gesprächen vor. Unterwegs wurde ich gefragt, wo ich denn schon überall gespielt hätte. Stotternd zählte ich einige völlig unbekannte Tanzbands auf, mit denen ich auf zweifelhaften Festen aufgetreten war. Die Kommentare waren an Deutlichkeit nicht zu übertreffen und das Grinsen in den Gesichtern wurde immer offensichtlicher. Ich wäre am liebsten wieder heimgefahren.

Der Auftritt im Offiziersclub nahm seinen Lauf und Unge, einer der beiden mitwirkenden Sinti, fragte, ob ich den Titel »It Don't Mean A Thing If It Ain't Got That Swing« von Duke Ellington spielen könnte. Meine Frage nach der Tonart beantwortete er mit »A«. Ich hatte keinen blassen Schimmer von dem Werk und fing damit an, während alle anderen spielten, die Akkorde zusammenzusuchen, was mir erst gegen Ende des Stückes in erträglichem Maße gelang.

Das Drama wiederholte sich, bis der ganze Auftritt vorüber war. Ich kannte fast kein Stück und stolperte stümperhaft durch die Darbietung. Es war zu allem Überfluss nicht einmal ein »Durenzettel« vorhanden und schon gar keine Noten. Tablets oder Handys mit Notenprogrammen waren damals noch Wunschträume.

Wenn mir ein Song in etwa geläufig war,

spielte ich ihn mit den bescheidenen Harmonien, die ich kannte. Unge lieferte indes ein Akkordgewitter ab, dass es mir die Sprache verschlug. Während ich einen Dreiklang spielte, hatte er schon acht Modulationen auf der Gitarre hinter sich.

Irgendwann, nach einer gefühlten Ewigkeit, hatte diese Qual ein Ende und ich baute meine Orgel ab, als Unge mit einer provokativ gähnenden Handbewegung an mir vorbeilief, dabei grinsend zu den Kollegen schielte: »Du hast heute aber gut gespielt.«

Komischerweise habe ich mich damals nicht über diese Lektion geärgert, sondern ich nahm die Gegebenheit zum Anlass, mir selbst einen Tritt zu verpassen und zu üben, was das Zeug hält.

Nicht, dass ich mich auch nur annähernd mit dem großen Charlie Parker vergleichen möchte, aber die Analogie liegt auf der Hand. Der Saxophonist spielte damals so miserabel, dass Schlagzeuger Jo Jones sein Becken nach ihm warf. Ähnlich wie bei mir, war das für

Charlie Parker die Initialzündung für den harten Weg in die Jazz-Harmonielehre.

Mit Unge, seiner Frau Dunja und vielen anderen Sinti, wie Manuel, Wedeli, Banscheli, Romeo, Alfred, Ganzo, Rigo, Babelein und Thomas habe ich Jahre später fast jede Woche gespielt und wir hatten immer großen Spaß zusammen.

Ich bin Unge bis heute dankbar für die damals ehrliche »Kritik«. Leider ist er 2014 verstorben. Er möge in Frieden ruhen und wird nicht vergessen werden.

# POLIZEIEINSATZ
# AUF DER AUTOBAHN

# EIN GESCHENK DES HIMMELS

In den 70ern spielte ich sehr viele Jazzkonzerte in Mannheim, Heidelberg und Umgebung. Ich war mit schwerem Gerät unterwegs: Rhodes E-Piano, großer Keyboardverstärker und jugendliche Muskelkraft.

Man musste bei diesen Bands sehr trinkfest sein, um bestehen zu können. Schon vor den Auftritten wurde der erfolgreiche Abend begossen. Auch danach wurde munter weiter gemacht – nach dem Motto: »Herr Wirt, wenn es nicht mehr rein geht, schütte es mir über!« Musiker hatten immer Durst und die Kneipenbesitzer haben wohlwollend mitgemacht. Ich musste zwar meistens Auto fahren, aber man konnte ja die Kollegen nicht allein trinken lassen. Eine Frage der Ehre.

Es wurde gezecht, gespielt und über Schlager geschimpft, was das Zeug hält. Es waren denkwürdige Events, die heute so nicht mehr möglich wären.

Nach einer solchen, schwer alkohollastigen Vorführung packte ich mit letzter Kraft meine Instrumente ins Auto und fuhr los, nicht ohne vorher noch einen Schluck für den Nachhauseweg zu nehmen.

Besser ich fahre über die Autobahn, dachte ich mir, da hier nachts weniger kontrolliert wurde. Ich steckte mir drei Pfefferminz in den Mund und fuhr von Mannheim bis kurz vors Hockenheimer Dreieck. Hier musste ich durch eine enge Baustelle, als plötzlich mein Motor stotterte und dann komplett ausfiel. Das Auto blieb stehen inmitten dieses beängstigend schmalen Abschnitts. Zu Tode erschrocken, vor allem wegen meines Zustands, versuchte ich wieder zu starten, aber es tat sich nichts, bis ich, etwas verschwommen, die Tankanzeige wahrnahm, die auf null stand. Ich ohrfeigte mich innerlich ein paar Mal und verstand selbst nicht, wie man so blöde sein konnte.

Nach und nach wurde mir der Ernst der Lage klar und ich stieg schwankend aus, um mein Warndreieck aufzustellen. Es gelang mir, ohne überfahren zu werden, als plötzlich ein Wagen langsam heranfuhr und direkt hinter meinem Auto zum Stehen kam. Was ich dann sah, ließ mein Blut gefrieren und ich hatte einen Adrenalinausstoß wie niemals zuvor: Das Blaulicht auf einem Polizeiauto.

Augenblicklich war ich hellwach und stocknüchtern. Zwei Beamte stiegen aus und kamen langsam, mit ernsten Mienen, auf mich zu. Ob sie helfen können, war die nicht einmal im Traum erwartete Frage. Ich erklärte ihnen, dass mein Auto defekt sei und nicht mehr anspringe. Sie nahmen ihre Mützen ab: »Setzen Sie sich mal rein und versuchen Sie zu starten, wir schieben Sie an.« Völlig perplex spielte ich mit, aber erwartungsgemäß tat sich ohne Benzin rein gar nichts.

Um mich aus der gefährlichen Baustelle herauszubekommen, schlugen sie vor, mich ein paar hundert Meter zur Autobahnraststätte zu schleppen. »Holen Sie bitte Ihr Warndreieck«, meinte einer der beiden, während sie sich in ihr Fahrzeug setzten. Ihre Scheinwerfer waren aufgeblendet und beleuchteten grell von hinten meinen Wagen, um mir meine Aktion zu erleichtern.

Also lief ich hinter das Polizeiauto und holte das Dreieck. Meine Gedanken überschlugen sich. Wie soll ich meinen Kofferraum unter einer solchen Beobachtung öffnen? Ich musste ja das Schloss beim ersten Versuch treffen, sonst könnten die auf die Idee kommen, ich sei betrunken. Ich lief also in den gleißenden Lichtkegel und zielte schon zwei Meter vorher mit dem Schlüssel auf die winzige Öffnung.

Glücklicherweise gelang mein Vorhaben sofort und ich legte das Warndreieck in den Kofferraum. Daraufhin fuhren die Polizisten vor mein Auto, befestigten das Abschleppseil und zogen mich zur Raststätte. Soweit ich mich erinnere, wollten sie nicht einmal meine Personalien.

Bevor sie wegfuhren, bedankte ich mich für ihre vorbildliche Hilfsbereitschaft und saß danach bestimmt eine halbe Stunde unter Schock im Auto, bis ich mir einen Kanister Benzin an der Tankstelle holen konnte.

Diese beiden Polizisten waren ein Geschenk des Himmels.

# DIE UNPÄSSLICHE SÄNGERIN

# UND SIE WARTETEN
# VERGEBLICH

Ein Jazzkonzert am Nachmittag sollten wir spielen, in einer wunderschönen, großangelegten Gartenanlage. Dafür engagierten wir explizit eine renommierte Sängerin.

Um die Mittagszeit, am Tag der Aufführung, meldete sie sich per E-Mail und teilte uns mit, dass sie wegen ihrer Kopfschmerzen lieber daheimbleiben würde. Wir sprachen mit dem Veranstalter, der aus allen Wolken fiel. Er habe überall Werbung gemacht, sogar im Rundfunk und meinte, sie solle halt irgendwie singen. Wir teilten ihr das postwendend mit.

Die Zeit verging, es war vier Uhr nachmittags, als sie anrief und den Auftritt definitiv absagte. Das war der Super-GAU. Was tun? Zwei Stunden später begann die Show.

Glücklicherweise erinnerte ich mich an

Martina, eine langjährige Kollegin, die ich zwar nicht aus dem Jazzbereich kannte, die aber einfach fantastisch sang.

»Martina, kannst Du in zwei Stunden ein Jazzkonzert singen?«, war mein erster Satz am Telefon. Nach ein paar Sekunden Stille sagte sie zu und kam wirklich zehn Minuten vor dem Auftritt an.

Wir besprachen kurz das Programm und fingen an zu spielen. Martina intonierte die nicht unkomplizierten Stücke, als ob sie noch nie etwas anderes gesungen hätte. Attraktiv war sie ohnehin und der Veranstalter war glücklich.

Lothar, unser erleichterter Bandleader, kommentierte lapidar:

»Entschuldigungen eines Musikers werden nur aus einer Blutlache heraus akzeptiert!«

# AUF DER BÜHNE
# MIT MORPHEUS

# SCHLAFLOS IN KÖLN

Aus einem nicht mehr nachvollziehbaren Grund mussten wir einmal die ganze Nacht durchfahren, um rechtzeitig zum Auftritt in Dortmund zu kommen. Volker und ich gaben alles, damit wir pünktlich ankamen.

Kaum hatten wir den Spielort erreicht, hetzten wir sofort zur Probe. Danach kurz was essen und dann ab auf die Bühne.

Damals habe ich immer im Stehen gespielt. Es sah irgendwie besser aus bei einer Showband. Wir spulten unser übliches Programm ab. Ruhige, leicht verdauliche Musik zum Essen. Nach einer guten Stunde voll unaufgeregter Darbietungen schlief ich plötzlich und unangekündigt während des Spielens im Stehen hinter meinem Keyboard ein. Der Schlafmangel hatte seinen Tribut gefordert.

Ich kann nicht genau sagen, wie lange es

dauerte, aber noch im gleichen Stück wachte ich wieder auf und wusste nicht mehr, an welchem Ort ich war. Verwundert blickte ich mich um und blinzelte völlig orientierungslos in den Saal. Ich sah die Leute beim Essen, drehte den Kopf zu den Kollegen, von denen keiner zu mir herschaute. Niemand schien etwas bemerkt zu haben. Erst nach einiger Zeit konnte ich wieder klar denken und machte mir voller Entsetzen klar, was gerade passiert war.

Kaum zu glauben, aber ich hatte die ganze Zeit über weitergespielt. Ich kann es mir nicht erklären, aber es scheint, als hätte mein Unterbewusstsein zwischenzeitig übernommen, die Automatik angeworfen, Finger und Hände weiterbewegt und so alles zu einem erfreulichen Ende gebracht.

Im Nachhinein habe ich mich Volker anvertraut und er bestätigte mir, dass der Vorfall unbemerkt in die Geschichte eingegangen war.

Seitdem weiß ich, wie es Beamte schaffen, sich ihr ganzes Berufsleben lang bis zur Rente über Wasser zu halten.

# ZWEI PFÄLZER
# IN WIESBADEN

# SCHWEINE, RABATZ
# UND SCHORLE

Heiner und ich, zwei pfälzische Hardliner, waren beide eine Zeit lang in Wiesbaden ansässig. Archaische Artefakte aus einer anderen Welt in der vornehmsten Stadt der Republik.

Eines Abends traf ich Heiner zufällig in einer kleinen Kneipe, wo er mit seinem Keyboard Musik machte. Der Raum wurde augenblicklich von uns beiden übernommen wie einst das Rheinland von den Wikingern.

Sogleich wurden die gängigen Pfälzer Mundartsongs aus dem Hut gezaubert und wir trällerten ohne Unterlass, mal ein- und mal zweistimmig. Gegen Schluss sangen wir zu zweit alle Chorstimmen gleichzeitig. Die Pfälzer Schorle demonstrierte ihre eigentliche Bestimmung.

Unter anderem kam eines unserer Highlights zum Vortrag: »Do werd die Wutz geschlacht, do werd Rabatz gemacht...«.

Nachdem die anfänglich etwas reservierte Gesellschaft verbal an der unteren Thekenkante angelangt war und jedes Maß an Etikette verloren hatte, kam eine aristokratisch anmutende Dame in unseren Performance-Bereich am Kopfende der Bar, bat um Entschuldigung und äußerte etwas schüchtern den Wunsch: »Würden Sie bitte nochmal das schöne Lied spielen: Da wird das Schwein geschlachtet?«

Die Dame und alle anderen Anwesenden waren daraufhin angehalten, einen Crashkurs in Pfälzisch über sich ergehen zu lassen. Heiner und ich spielten »Die Wutz« an diesem Abend gefühlt noch zehn Mal.

# CASINO TRAVEMÜNDE

# DER CHINESE

Im Sommer spielten wir immer knapp zwei Monate im Nightclub des Casinos Travemünde, direkt am Ostseestrand, drei Tage in der Woche. Die restliche Zeit hatten wir Urlaub. Es waren viele bekannte Sängerinnen und Sänger zu begleiten. Wir führten aber ebenfalls eine eigene Show auf, in der wir eine musikalische Weltreise simulierten und den Dixieland-Klassiker »Oh When The Saints« in der jeweils landestypischen Art spielten. Einer meiner Parts war China. Dazu trat ich immer im Kimono auf und hielt mir mit einer Hand ein Schlagzeugbecken wie einen Hut über den Kopf. Damit sah ich aus wie ein Reisbauer auf dem Feld. In der anderen Hand hielt ich einen Schlagzeugstock, mit dem ich im Takt auf das Becken schlug. Dazu ahmte ich ein passendes Gesicht nach, mit klischeehaft nach vorne gerichteten Zähnen und meinen ohnehin angeborenen Schlitzaugen. Ich sang das Stück mit rollendem »l« statt »r« und Fistelstimme, hängte ein paar chinesisch klingende, frei erfundene Wörter hinten an, was bei meiner Statur und mit meinem Vollbart scheinbar lustig anzusehen und anzuhören war, sodass mein Auftritt immer großen Anklang fand.

Es kam, wie es kommen musste. Eines Abends saß in der ersten Reihe ein Chinese, quasi nur einen Meter entfernt von meiner gleich folgenden Performance. Aufgeregt eilte ich zum Bandleader und erklärte ihm, dass wir den Chinesen heute weglassen müssen, da einer in der ersten Reihe sitzt. Siggi mit seiner tiefen, coolen Stimme entgegnete bedächtig: »Mach dir mal keinen Kopf, der kommt aus einem völlig anderen Kanton und versteht dich sowieso nicht.«

Das konnte mich zwar nicht wirklich beruhigen, aber ich gab mir einen Ruck und mimte »meinen« Chinesen. Der echte im Publikum lächelte verlegen. Ich glaube, er hat mich tatsächlich nicht verstanden.

# DIE GELDROLLE DES KÖNIGS

Eines Abends fuhren sie vor, märchenhaft, in einem weinroten Rolls Royce, er im schwarzen Anzug, sie umhüllt von einem fürstlichen, innen gepunkteten Hermelin-Mantel. Ich weiß nicht genau, ob Sinti oder Roma, aber ganz sicher war es der König.

Jedenfalls mussten wir im Laufe des Abends etliche Songs wie »Bei mir bist Du schön«, »Sweet Georgia Brown« oder »Oh Lady Be Good« etc. spielen. Es war das reinste Wunschkonzert.

Beim Vorbeitanzen an der Band zog der König immer eine Rolle mit Geldscheinen aus der Hose und legte mindestens einen davon auf die Bühne – mit dem nächsten Musikwunsch auf den Lippen. Das ging stundenlang so weiter. An diesem Abend übertraf das Trinkgeld um Längen unsere Gage.

# KOMPROMISSLOSE
# PERFORMANCE

Mit dem italienischen Sänger Franco Ferrari war ich Jahre später im Rahmen einer Gala im Casino Travemünde engagiert. Der vollbärtige Solist hatte eine markante, raue Stimme und sang bekannte Gassenhauer von Adriano Celentano, Toto Cutugno, Zucchero und Konsorten. Sein Markenzeichen war die Schiebermütze, mal in Rot, mal in Weiß. Dazu schwenkte er oft noch eine italienische Flagge im Rhythmus. Es passte alles zusammen. Franco war ein uriges Gesamtkunstwerk aus Kalabrien.

Nachmittags bei unserem Soundcheck probierten wir – wie immer – verschiedene Lautstärken aus. Besonders in solch barocken Sälen, die nicht für Verstärker, sondern für akustische Darbietungen gedacht waren, musste man sehr behutsam damit umgehen.

Während unserer Einstellarbeiten kam der Direktor des Hauses auf uns zu und meinte aufgeregt: »Meine Herren, wir haben heute eine besonders erlesene Gesellschaft zu Gast. Bitte die Show möglichst dezent und leise spielen, sonst bekommen wir Probleme.«

Franco hörte sich das wortlos an und impfte uns danach in der Garderobe ein: »Auf der Bühne bitte Vollgas. Wir machen hier keine Hintergrundmusik, sondern eine Show.«

Christiane Herzog, die Gattin des damaligen Bundespräsidenten Roman Herzog, hatte an diesem Abend zugunsten ihrer Herzstiftung wichtige Gäste eingeladen. Entsprechend steif war die ganze Veranstaltung. Alle saßen mit ernster Miene in Reih und Glied an langen Tischen in diesem ehrwürdigen Barocksaal.

Dann kamen wir auf die Bühne und drehten, wie befohlen, voll auf. Franco sprang direkt beim ersten Song auf den Tisch von Frau Herzog, zog diese zu sich herauf und beide sangen und klatschten zur Musik. Die First Lady hatte einen Heidenspaß, was sich sofort auf den Saal übertrug. Noch während des ersten Liedes tobte die Menge und hörte nicht auf, bis Franco nach drei Zugaben den Raum verließ.

Der Direktor kam anschließend ganz aufgelöst in die Garderobe und bedankte sich überschwänglich: »Meine Herren, so ein großartiges Konzert habe ich hier noch nie erlebt. Einmalig!«

So viel zu dezent und leise...

# MIT
# PEGGY MARCH
# IN DER GARAGE

# ENDLICH MAL EIN SOLO

In einem winzigen Dorf, mitten in Deutschland, hatten die Veranstalter ein Festzelt für die alljährliche Kirmes aufgestellt. Peggy March war gebucht und hatte sich zur Probe mit uns für die abendliche Show angemeldet. Am Nachmittag waren jedoch schon alle Einwohner anwesend und das Zelt war entsprechend voll. Deshalb wurde die Probe kurzfristig in eine nahegelegene Garage verlegt. Wir bauten dafür natürlich nur das Allernötigste auf – ein Keyboard, ganz kleine Lautsprecherboxen und ein Mini-Schlagzeug. Die ganze Konstellation wirkte nicht gerade vertrauenserweckend.

Peggy March kam mit ihrem Mann und Manager herein, der sich erschrocken umschaute und sofort loslegte: »Können Sie überhaupt Noten lesen? Wenn nicht, vergessen wir das alles und reisen gleich wieder ab.«

Wir wussten überhaupt nicht, wie uns geschah. Diese Leute kannten uns nicht und vice versa. Es war eine seltsame Situation.

Unsere Motivation war, wie man sich vorstellen kann, gleich am Tiefpunkt, aber wir ließen uns die Noten geben und die Probe fing an.

Da diese Band normalerweise »nur« mit zwei Saxophonen an der Bläserfront besetzt war, hatten wir – auf speziellen Wunsch der Agentur – für die Künstlerbegleitung unseren Freund und Trompeter Klaus dazu geholt.

Die Noten von Peggy March waren, soweit ich mich erinnere, für Big Band geschrieben und in hohem Maße trompetenlastig. Es sollten scheinbar sechzehn Mann mit drei Bläsern vorgetäuscht werden. Fast jedes Stück begann mit einem Trompetensolo, das normalerweise für einen ganzen Trompetensatz mit fünf Musikern vorgesehen war. Klaus hatte einiges zu tun.

Einmal meinte die Sängerin: »So, das nächste Stück beginnt mit Trompete«. Klaus entgegnete: »Endlich mal ein Solo!« Wegen des anhaltenden Gelächters mussten wir anschließend eine kleine Pause einlegen. Peggy March reagierte verständnislos auf diese Art von Humor, was uns inzwischen aber egal war.

Die Probe wurde fortgesetzt, bis die Solistin inmitten eines Stückes abbrach mit der Begründung: »Bei der Trompete hatten wir eben einen falschen Ton.« Klaus verneinte, er habe ganz sicher richtig gespielt. Als Beweis intonierte er das entsprechende hohe A und schrie ihr dieses zur Bekräftigung nochmals ins Ohr: »AAAAAAAAAAAAA!« Die erschrockene Peggy March fuhr ohne weiteren Kommentar mit der Probe fort.

Am Abend verlief das Konzert zur Zufriedenheit aller fehlerfrei und professionell. Klaus konnte nach der Show die Bühne verlassen, da er ja ausschließlich dafür engagiert worden war. Die restliche Band begleitete noch den Sänger Al Fats Edwards und spielte dann zur Unterhaltung.

Klaus war schon immer Bandleader, Leiter

einer Musikschule, hatte ein Musikgeschäft und war es gewohnt, Anordnungen zu geben. Seine stämmige Erscheinung, mit bayrischem Schnurrbart, und sein resolutes Auftreten machten es ihm leicht, seine Vorhaben immer durchzusetzen. Ein musikalisches Alphatier.

Es dauerte auch nicht lange, bis sich Klaus im Saal zum Hausmeister begab, der damit beschäftigt war, einen Scheinwerfer zu bedienen. Diesem teilte er sodann mit, dass er sich als Beleuchter an seine Anweisungen zu halten habe. In schneller Abfolge »befahl« er ihm, die Farben im Spot zu wechseln: »Blau, rot, grün, gelb, blau, rot...« Der Hausmeister gehorchte aufs Wort und so kamen wir in den Genuss einer unverhofften Lightshow.

An diesem Abend hatten wir noch viel Spaß mit unserem Gastmusiker. Nach dem Auftritt saßen wir an einem langen Tisch zum Essen. Es gab Rippchen mit Kraut. Der Hausmeister und sein Sohn waren uns als Bedienung zugeteilt. Klaus orderte eine Portion nach der anderen, teilte sie entweder aus oder versteckte sie.

Jedes Mal, wenn der Hausmeister den Raum betrat, bestellte Klaus ärgerlich, mit todernster Miene ein weiteres Essen nach dem Motto: »Jetzt hast Du mich schon wieder vergessen oder siehst du hier ein Rippchen?« Er deutete gleichzeitig auf den leeren Platz vor ihm hin. »Und der Kollege hat auch noch nichts«, womit er auf irgendeinen anwesenden Musiker verwies. Der Hausmeister war nur verzweifelt am Rennen.

So ging das eine ganze Weile. Klaus ließ ihn zu allem Überfluss noch still stehen wie beim Militär und gab ihm die Anweisung, den Mund zu öffnen, um ihm dann vorsichtig die Taschenlampe ein Stück weit einzuführen. »Blas' jetzt mal die Backen auf«, war das darauffolgende Kommando »wegen amtlich angeordneter Durchleuchtung.« Der Hausmeister folgte dem Befehl und Klaus knipste die Lampe an, worauf der arme Mann von innen leuchtete wie Rudolph, das Rentier, nur an anderer Stelle.

Das Ende bekam ich nicht mehr mit, weil ich

inzwischen vor Lachen in der Ecke lag.

Ein bisschen Mitleid hatten wir aber schon mit dem Hausmeister.

# NOBODY KNOWS
# BUT JESUS

# JOAN ORLEANS UND DIE WAAGE

Mit Joan Orleans habe ich oft zusammengearbeitet, unter anderem habe ich komponiert und arrangiert für ihr Musical »Mahalia« und viele Auftritte mit ihr absolviert. Sie ist eine außergewöhnliche Gospel-, Blues-, Jazz-, Soul- und Spiritualsängerin und – wie sie mir anvertraut hat – ist sie auch Reverend und darf sogar Trauungen vornehmen.

*

Eines meiner schönsten Erlebnisse war ein Konzert mit ihr und den Robson Gospel Singers in Wiesbaden. Ich durfte diese begnadeten Sängerinnen und Sänger am Klavier begleiten. Es war Weihnachten und wir spielten all die schönen amerikanischen Songs. Ich hatte beim Spielen Gänsehaut am ganzen Körper.

*

Ein anderes Mal, bei der Probe für ein

Galakonzert, spielten wir »Bridge Over Troubled Water«, das, wie man weiß, fast ausschließlich vom Piano getragen wird. Das Stück war fertig und Joan fragte: »Kannst Du mir sagen, warum das bei Dir besser klingt als normal?« »Ich spiele nicht, was in den Noten steht«, musste ich zugeben.

и̇.

Joan war einmal bei uns zu Hause, um Arrangements und Kompositionen für ihr Musical »Mahalia« zu besprechen. Sie entschuldigte sich kurz zu einem Ausflug ins Bad. Wenige Minuten später meldete die salbungsvolle Stimme unserer sprechenden Waage: »Ihr Gewicht beträgt …«, gefolgt von einem Aufschrei und einem mir unbekannten Gospelsong.

Dank Joans voluminöser Stimme hatte die Stimme unserer Waage keine Chance gehabt und das Gewicht der Sängerin blieb bis heute ein Geheimnis.

# ALICE & ELLEN KESSLER

# DIVA IM DOPPELPACK

Auch Alice & Ellen Kessler, genannt die Kessler Zwillinge, mussten wir eines Tages begleiten. Es war irgendwo in Deutschland. Ort und Datum habe ich aus meinem Kopf verdrängt. Nachmittags war eine Probe angesetzt, die aufgrund unproblematischer, tausend Mal gespielter und erprobter Arrangements im Prinzip schnell hätte vorbei sein müssen.

Aber wir hatten nicht mit der Streitlustigkeit der beiden kratzbürstigen Solistinnen gerechnet. Diese bekamen sich andauernd in die Haare, weil sie sich über den Ablauf oder das Tempo ihrer mindestens 20 Jahre alten Noten oder sonst über irgendwas nicht einig wurden. Wir standen sprachlos auf der Bühne herum und beobachteten den Zickenkrieg.

Unsere Band bestand aus lauter hochkarätigen Studiomusikern, viele aus Köln, teilweise auch vom WDR. Entsprechend lief abends das Programm von uns aus ohne einen Fehler ab. Die Arrangements klangen auch wirklich gut.

Dann gab es während der Show folgende Ansage der Kesslers: »Meine Damen und Herren, wir haben zwar einmal geprobt, aber die Band bemüht sich ja redlich…«.

*

Kurze Zeit später, scheinbar hatten wir doch einen guten Eindruck hinterlassen, bekamen wir ein Angebot, zwei Wochen auf der Weltausstellung in Sevilla zusammen mit den Kessler Zwillingen zu spielen.

Unser Bandleader reagierte auf die Anfrage: »Wenn wir 14 Tage lang dort mit denen arbeiten müssen, ist das für uns ein Straflager«, und lehnte dankend ab.

*

Meine erste Begegnung mit den Kesslers hatte ich viele Jahre zuvor. Wir waren als Zweitband in Mannheim engagiert. Die Zwillinge sollten vom Orchester Kurt Edelhagen begleitet werden. Nach dem Aufbau und anschließendem Soundcheck kamen sie mit ihren Noten auf die Bühne und forderten eine Probe. Kurt Edelhagen wusste nichts davon und machte ihnen klar, dass so etwas bei ihm 1.000,- DM koste und der Betrag bar und im Voraus zu entrichten sei.

Die Geschwister waren nicht sehr erbaut von dieser Ansage, mussten dann aber wohl oder übel zusagen. Für den Gesichtsausdruck der beiden hätte man Eintritt verlangen können.

Schon damals erschien es uns, als ob die Kessler Zwillinge nicht den vollen Beliebtheitsgrad bei den Kollegen hatten.

# DAS SPIEL᾿ ICH DOCH
# MIT DEM ARSCH

# WIENER CHARME

Hans-Heiner war unser Posaunist, als wir für 14 Tage in Wien gastierten. Untergebracht waren wir im Rotlichtviertel, in einem Etablissement mit vielen netten und überaus unvernünftigen Mädels. Abends nach der Show nahmen wir meistens noch einen Absacker an der Theke im Erdgeschoss, umringt von hübschen Dienstleisterinnen, was uns über den sonst so tristen Alltag hinweghalf. So nett narkotisiert waren selbst die lauten Geräusche aus den Nachbarzimmern erträglich.

In der Bar, ein paar Straßen weiter, in der wir allabendlich spielten, saßen die Leute um die Bühne herum und konnten somit alles sehen, was wir so trieben während des Auftritts.

Bei einem Song sollte Hans-Heiner eine Passage auf dem Keyboard übernehmen, worauf er Zweifel an der Spielbarkeit des Parts anmeldete. Unser Bandleader kommentierte lapidar: »Das spiel' ich doch mit dem Arsch!«, und wir ließen diesen Teil kurzerhand aus.

Am nächsten Abend wollte er es nochmal wissen und rief besagtes Werk erneut auf. Wir begannen zu spielen und näherten uns der Stelle, an der Hans-Heiners Solostelle angedacht war, als dieser sich umdrehte und mit seinem Allerwertesten das Keyboard penetrierte, immer wieder ausrufend: » Das spiel' ich doch mit dem Arsch!« Das Publikum applaudierte und unser Chef grinste verlegen.

# VERTIS OST-HUMOR

# ABHÖRSICHERE MUSIK

Horst, genannt »Verti«, war einer der angesagtesten Bassisten in der ehemaligen DDR. Es gibt fast keine Ost-Produktion, auf der er nicht zu hören ist. Er hat einmal gegenüber Kollegen erwähnt, er hätte einen Vertiko gekauft. Seitdem hatte er seinen Spitznamen

Bei einer West-Tour mit Uschi Brüning, vor der Wende, ist er »einfach« dageblieben, um im Westen seine Karriere fortzusetzen. Wir haben in verschiedensten Bands zusammengespielt. Dabei war Verti immer eine Bereicherung, menschlich und musikalisch.

Außer seinem herausragenden Bassspiel konnte er herrliche Geschichten erzählen, wie zum Beispiel diese:

Eines Tages wurde er engagiert, um im Studio einen Schlager einzuspielen. Nach getaner Arbeit wollte er wissen, für wen er hier den

Bass gezupft hatte, ging zum Regieraum, riss die Tür auf und erkundigte sich: »Wer ruft denn heute auf die Pampe drauf?«

Die Sängerin erstarrte hinter der Tür.

*

Die nächste Szene könnte aus einem Loriot-Sketch stammen.

Verti spielte eines Abends mit einer Band für die Stasi. In einer musikalischen Pause, es herrschte Totenstille im Konzertsaal, entfuhr einem von Blähungen geplagten Musikerkollegen ein etwas lauterer Wind.

Im Saal wurde es noch stiller, bis sich mitten aus dem Publikum eine einzelne, leise Stimme meldete: »Pfui.«

*

Es geht noch schlimmer: Bei einer Galavorstellung, Verti spielte mit einer bekannten Ost-Band im gepflegten Rahmen in einem großen Saal. Die Tische reichten bis zur verhältnismäßig hohen Bühne. Die Menschen in der ersten Reihe ragten gerade noch mit dem Kopf darüber.

Während die Gäste speisten, spielten die Musiker leichte Unterhaltung. In der Band waren alle Altersklassen vertreten, so auch ein etwas älterer Kollege, der an Inkontinenz litt. Mitten im Song konnte er es plötzlich nicht mehr halten und wusste sich nicht anders zu helfen: Er drehte sich um, eilte zur hinteren Bühnenwand und ließ der Natur freien Lauf.

Die Bühne war abschüssig und fiel zum Publikum hin leicht ab. So bahnte sich das Rinnsal seinen Weg direkt zu den Gästen, die ja unmittelbar davor saßen. Das Ziel konnte man jetzt bereits genau bestimmen.

Es war ein Tisch, an dem ein Herr mittleren Alters mit seiner Familie saß, der auch schon das Unvermeidliche auf sich zukommen sah.

Aber anstatt erschrocken aufzuspringen, blieb er seelenruhig sitzen und wartete ab, bis das Bächlein fast den Bühnenrand erreicht hatte.

Kurz vor der großen Misere nahm er – mit

stoischer Ruhe – seinen ausgestreckten Zeige-finger, tippte auf das Rinnsal und zog es quer entlang des Bühnenrands an sich vorbei, wo es ungehindert versickern konnte.

Mit Wasser haben wir das ja alle schon mal gemacht...

Die Musiker, die das alles interessiert beob-achtet hatten, waren, geplagt von einem hefti-gen Lachanfall, längere Zeit nicht mehr in der Lage zu spielen.

# STAGE FUN

# UNSINN AUF DER BÜHNE

Es gibt ein ungeschriebenes Gesetz unter Livemusikern: Am letzten Tag einer Tour wird Blödsinn veranstaltet. Im Besonderen wird auch der jeweilige Star veräppelt. So passierte dies während einer Tour mit Tony Christie und den Ward Brothers.

Die schottischen Brüder hatten einen kleinen Sketch im Programm, rund um den damaligen Hit »Shaddap You Face« von Joe Dolce.

Dazu forderten sie das Publikum auf, während des Stückes an vorgegebenen Stellen »HEY!« zu rufen. Dafür hatten sie ein Schild vorbereitet, auf dem eben dieses Wort in großen Buchstaben geschrieben stand. Es klappte vorzüglich. Sie hielten die Tafel hoch und die Gäste riefen »HEY!«

*»What's a matter you? HEY!*
*Golla no respect. HEY!*
*What-a you t'ink you do? HEY!*

Am letzten Abend der Tour hatten die Techniker heimlich ein riesiges HEY-Schild über der Bühne angebracht, das sie, je nach Laune, herunterließen. Jeder im Publikum konnte es sehen, nur die Ward Brothers nicht.

Die Show fing an und die Leute machten alle mit und schrien »HEY!« in den unpassendsten Momenten:

»Meine Damen und Herren,...« »HEY!« »...unser nächster Song stammt...« »HEY!« »...aus Australien...« Was sich auf den Gesichtern der beiden Brüder abspielte, war unbezahlbar und auf jeden Fall die Mühe wert.

*

Die Szene spielte sich in einem Bierzelt ab, als der Saxophonist in der Pause zur Theke ging und ein Schaschlik aß. Währenddessen tränkten die Kollegen das Mundstück an seinem Instrument mit Tabasco. Das Holzblatt saugte sich schnell voll.

Die Pause war vorbei und nach ein paar Tönen auf seinem Saxophon setzte er ab und sagte: »Mensch, war das ein scharfes Schaschlik.«

*

Dem Schlagzeuger passierte Ähnliches, nur dass die »netten« Kollegen einen alten Handkäse zwischen den Becken seiner Hi-Hat versteckt hatten.

Jedes Mal, wenn er dann auf sein Hi-Hat-Pedal trat, kam ein penetranter Geruch zwischen den Blechen hervor, den er erst nach längerer Zeit lokalisieren konnte. Aber solange hatte die ganze Band große Freude.

*»Die Hi-Hat besteht aus einem Becken-Paar, das horizontal auf einem Ständer mit einem Pedal montiert ist. Dies ermöglicht ein Öffnen und Schließen mit dem Fuß.«*
*(Zitat: Wikipedia)*

# DENGLISCH

# HEMMUNGSLOSE
# ÜBERSETZUNGEN

Gerhard, genannt »Jesch«, Posaunist und Arrangeur, probte einmal mit unseren amerikanischen Sängerinnen sein neues Arrangement. Eines der Mädels fragte, ob sie denn tatsächlich so singen solle wie es in den Noten steht, worauf er in feinstem Englisch erwiderte: »Yes, when's so written is…«

*

Im amerikanischen Club bestellte sich der Gitarrist in der Pause einen Kaffee. Der Kellner brachte diesen an die Bühne und fragte, wo er ihn abstellen solle, worauf der Musiker antwortete: »Please give me the coffee in the hand, I go nach draußen.«

*

Eben dieser Gitarrist wurde an der Pforte zur amerikanischen Kaserne angehalten und erklärte, dass er im Offiziersclub spielen müsse. Der Wachhabende fragte höflich: »Can I see your ID-card, please?«, worauf der Kollege an seiner Jacke nestelte und verzweifelt suchte: »Oh, I hope I have'se with me!«

# HEINZ SCHENK, DER HESSISCHE NACHTTISCH

## DAS FRANKFURTER
## BEMBELORCHESTER

Vom Hessischen Rundfunk bekam ich den Auftrag, ein Medley für Heinz Schenk (Blauer Bock) einzuspielen für die große Samstagabendshow in der ARD »Fröhlich eingeSCHENKt«.

Ich sollte das komplette Playback inklusive Rhythmusgruppe, Bläser und Streicher mit dem Synthesizer einspielen. Dafür das ganze Orchester einzuberufen wäre zu teuer geworden.

Obwohl wir wussten, dass Heinz Schenk alles Elektronische hasste, haben wir uns trotzdem daran gewagt, denn dank moderner Technik kann man die akustischen Instrumente täuschend echt imitieren, vorausgesetzt, man kennt deren Spielweise.

Mein Playback war fertig und ich lieferte das Band ab. Uwe Borns, der damalige

Musikproduzent des HR, mein Auftraggeber, ließ ein paar wenige echte Streicher darüber synchronisieren.

Am Samstagabend, während der Hauptsendezeit, trällerte Heinz Schenk mit verzückter Miene das Medley, begleitet vom vermeintlichen Orchester. Die Musiker mimten synchron zum Playback und keiner hat's gemerkt. Heinz Schenk war glücklich, dass er eine so großartige Kapelle hinter sich hatte und war voll des Lobes.

# DER NORMANNISCHE
# KLEIDERSCHRANK

Bei einem Engagement, irgendwo in der Provinz, hatten wir Heinz Schenk als Moderator für einen bunten Abend mit allerlei Künstlern dabei. Er führte durchs Programm und sagte die verschiedenen Show-Acts an. Der bekannte Stimmenimitator Kurt Stadel war an der Reihe. Heinz Schenk kündigte ihn an, doch Kurt stand im Stau und konnte erst dreißig Minuten später da sein.

Kurzerhand brillierte der Profi Heinz Schenk dadurch, indem er die Gäste eine halbe Stunde lang aus dem Stegreif unterhielt, ohne dass es langweilig wurde, unter anderem mit einer witzigen Anspielung auf seine Körpergröße: »Mein größtes Vorbild war immer Curd Jürgens, der normannische Kleiderschrank. Leider ist aus mir nur ein hessischer Nachttisch geworden.«

# DER HESSEN-FRED

# FRED VAN GEEZ

Er nannte sich auch Hessen-Fred und war ein Entertainer der alten Schule. Er sang, tanzte, parodierte, spielte Trompete, Mundharmonika, Keyboard, Akkordeon, Hawaii-Gitarre oder Vibraphon. Mit Fred habe ich unzählige Male für den Hessischen Rundfunk gearbeitet.

Unter anderem haben wir Filmmusik gemacht (»Himmlisches Wien« mit Gunther Philipp, Dieter Pfaff, Reinhard Glemnitz) oder Arrangements und Kompositionen für Fernsehproduktionen geschrieben und produziert (»Fröhlich eingeschenkt« mit Heinz Schenk, die Vorabendserie »Schmunzelclips« und vieles mehr).

Für Marie-Luise Marjan haben wir zusammen mit Werner Goos die CD »Was mir am Herzen liegt« für Sony Music komponiert und produziert.

# WAS HABT IHR DENN DRAUF?

Ich lernte Fred auf einem Schiff kennen. Wie immer, wenn eine neue Kreuzfahrt begann, mussten wir nachmittags mit den anwesenden Sängern, Zauberern, Parodisten und sonstigen Künstlern für die abendliche Show proben. Die meisten waren freundlich. Es gab aber auch ein paar zickige Selbstdarsteller. Fred gehörte eher zur angenehmen, kumpelhaften, zugleich aber professionellen Gattung.

Normalerweise hatten die Künstler immer ihre Noten dabei, teilten diese aus und zählten vor. Wir mussten dann die zerfledderten, tausendmal korrigierten und vollgekritzelten Blätter entziffern und sofort korrekt umsetzen.

Nicht so bei Fred. Er kam herein mit den Worten: »Was habt Ihr denn so drauf?«, schaute sich unser Programm an und wählte ein paar Songs aus, die wir dann zusammen spielten.

Natürlich kamen auch einige seiner eigenen Arrangements zum Einsatz, aber er hatte doch eine unkomplizierte, entspannte Herangehensweise, die ihm sofort viel Sympathie einbrachte. Daraus entstand im Nachhinein eine langjährige Freundschaft und erfolgreiche Zusammenarbeit.

# DER EIGENE FRIEDHOF

Eines Tages hatte Fred einen Auftritt anlässlich eines medizinischen Kongresses und fand einen Saal voller Ärzte vor. Sein langjähriger Techniker meinte mit besorgter Miene zu ihm: »Fred, heute brichst Du ein, alles todernste Intellektuelle. Die verstehen keinen Spaß.« »Lass mich mal machen«, war die Antwort.

Fred ging auf die Bühne, absolvierte sein Show-Opening und erntete tatsächlich nur leisen, reservierten Applaus. Einen Künstler mit derart langer Erfahrung bringt so etwas beileibe nicht aus der Fassung.

Er verließ die Bühne in Richtung Saal, fing an, die Gäste zu begrüßen und schüttelte jedem die Hand. So konnten sie ihn wenigstens nicht ignorieren. Erwartungsgemäß wusste er, wo der »ranghöchste« und wichtigste Mensch im Saal saß. Bei diesem angekommen, gab er ihm die Hand und sagte: »Sie sind doch der

Kollege mit eigenem Friedhof?«

Damit hatte er den Nerv getroffen. Die Leute schütteten sich aus vor Lachen und das Eis war gebrochen. Ab diesem Moment konnte Fred tun und lassen, was er wollte, alles wurde mit tosendem Applaus honoriert. Der Abend war ein voller Erfolg.

# PROMI-SPLITTER

# AL MARTINOS
## MINESTRONE À LA MAMA

Wegen einer Deutschland-Tour-Besprechung saßen wir mit Al Martino, Italo-Amerikaner, der mit seinen Hits »Spanish Eyes« und »Here In My Heart« Weltruhm erlangt hatte, in einem gemütlichen italienischen Lokal in Bad Homburg. Al erzählte vom ersten Besuch in diesem Restaurant.

Damals hatte er eine Minestrone bestellt, die hinlänglich bekannte italienische Gemüsesuppe. Al erkannte das Potenzial des Küchenchefs, fand aber, dass seine Mama das bessere Rezept hatte. Er entschied sich, dem Koch den letzten Schliff zu verleihen.

Am nächsten Tag kaufte er ein und stand dann mit zwei großen Tüten vor dem noch geschlossenen Lokal, wo er energisch Einlass begehrte. Der Patron öffnete und mit Staunen hörte er von dem Weltstar: »Ich werde Euch jetzt beibringen, wie man eine Minestrone kocht.«

Bei einer derart energischen Ansage, begleitet von den typischen, unnachahmlichen Handbewegungen, gibt es unter Italienern keine Widerrede.

Al Martino setzte sein Vorhaben in die Tat um und seitdem kann man in Bad Homburg die womöglich beste Minestrone im Umkreis, wenn nicht noch darüber hinaus, genießen.

# CHARLIE MARIANOS
## BEKENNTNIS

1991 spielte der bekannte US-amerikanische Saxophonist Charlie Mariano auf meiner CD »Salierzyklus«. Der inzwischen leider verstorbene Weltmusiker war ein freundlicher, warmherziger Mensch und großartiger Improvisator. Während unserer Studioaufnahmen war er 70 Jahre alt, verfügte aber über die Energie eines Zwanzigjährigen.

Wir hatten zwischen den Aufnahmen ein paar, für mich aufschlussreiche und lustige Gespräche.

Damals versuchte ja fast jeder Saxophonist, das Jahrhunderttalent Michael Brecker zu imitieren oder, in Ermangelung der notwendigen, fast unerreichbaren Spieltechnik, sich zumindest dessen Sound halbwegs anzueignen.

Charlie dagegen hatte einen ganz eigenen Stil und war genauso ein stilbildender

Vorreiter wie Michael Brecker. Der amerikanische Bassist und Komponist Charles Mingus nannte Marianos Stil einmal »Tears Of Sound«. Man konnte bei Aufnahmen wirklich nach wenigen Tönen erkennen, dass Charlie Mariano am Werk war.

Ich mag Michael Brecker sehr, aber ich war auch sehr glücklich darüber, dass ich für meine CD ein anderes, unverwechselbares »Original« gewonnen hatte.

In einem Gespräch mit Charlie beteuerte ich ihm deshalb mit leicht sarkastischem Ansinnen, dass ich so froh sei, dass er nicht wie Michael Brecker spiele, worauf er sich mir verschmitzt anvertraute: »I can't.«

Ein großes Kompliment von Charlie aber bekam ich im Nachhinein, als er mir versicherte: »Your music touches my heart.«

# CHAKA KHANS
# SOMMERSPROSSEN

An einem freundlichen Sommerabend besuchten wir unsere Freunde und Kollegen
beim Konzert von Chaka Khan.

Mit Dave King, Charlie Mariano, Freddie
Santiago und natürlich Chaka Khan im
Schlepptau nisteten wir uns danach in einer
pfälzischen Dorfkneipe ein. Meine Frau Annette, Martina, eine unserer Sängerinnen und
ihr damaliger Freund, der exzentrische Künstler, Bildhauer und begnadete Koch Franz und
ich ergatterten sofort und ungefragt den
Stammtisch. Wir bestellten eine Kleinigkeit zu
Essen und eine große Menge Alkohol.

Charlie aß ein wenig und verabschiedete
sich leider gleich wieder. Seine gesunde Lebensweise war zwar vorbildlich, aber bei mir
siegte die Unvernunft, wie so oft.

Chaka saß mir gegenüber, direkt neben

Franz und beider Gespräch handelte, wie konnte es anders sein, vom Essen.

Franz bohrte: »Kannst Du überhaupt kochen?«

»Sure!«, entgegnete Chaka.

»Das glaube ich nicht«, hüstelte er, »du kochst doch Spaghetti ohne Wasser.«

»That's not truc«, lachte sie.

Worauf Franz sie verwundert anschaute und unvermittelt mit dem Finger auf ihre Nase tippte: »Du hast ja Sommersprossen!?«

»I hate these.« Sie hielt verschämt lächelnd eine Hand über ihre Nase.

Sie machte jeden Spaß mit und die Blödeleien hörten nicht auf, mit einem Weltstar zum Anfassen. Außerdem hatte sie echte Ausdauer und der Pfälzer Wein tat ein Übriges.

# HANS ROSENTHALS
# RENITENTER AGENT

Eine alteingesessene Agentur engagierte uns für eine Show mit Hans Rosenthal in Berlin. Dieser probte mit uns am Nachmittag Spiele, ein bekanntes Lied, kleine Ansagen, Spiele, ein bekanntes Lied, Spiele, ein bekanntes Lied, kleine Ansagen etc.

Dem Agenten gefiel es. Wir waren während der Probe eher am Chillen, verhielten uns aber professionell und machten alles mit. Sogar den interessierten Gesichtsausdruck konnten wir liefern.

Der Abend verlief dergestalt, dass sich Hans Rosenthal ein Bein ausriss, um mit seinen Spielen zu punkten, während wir alles gaben, um dieser Vorstellung ein wenig Pep einzuhauchen. Das Publikum applaudierte verhalten, aber höflich.

Dann war es an der Zeit für eine Tanzrunde.

Wir hatten für damalige Verhältnisse ein etwas moderneres, zeitgemäßes Programm, was normalerweise gut ankam. So wurden auch die ersten beiden Songs von den Leuten freudig aufgenommen, als plötzlich unser Agent, Herr B., am Bühnenrand stand: »Bitte spielen Sie jetzt einen Tango!«, war seine unzweifelhafte Anweisung. Er bezahlte uns, also bekam er den Tango. Diese Musikwahl polarisierte sofort die Zuhörer.

Kaum war das Stück beendet, stand Herr B. wieder an der Seite: »Jetzt bitte einen langsamen Walzer!« Auch diesen Wunsch erfüllten wir ihm.

Die Serie setzte sich fort und wir spielten einen Quickstepp, einen Cha-Cha-Cha und eine Rumba, während die Zahl der Tänzer bedrohlich abnahm.

Wie wir alle wissen, ist immer die Band schuld, wenn eine Veranstaltung nicht rund läuft, selbst wenn der Agent die Dramaturgie des Abends komplett vermasselt.

Unser Bandleader sah deshalb die

Notwendigkeit, einzugreifen. Inmitten der nächsten Anordnung drehte er sich erbost zu dem Störenfried um und nahm dessen unüberhörbaren Ausdrucksstil an: »Herr B., wenn Sie jetzt noch einen Ton sagen, lasse ich abbauen!«

Von diesem Augenblick an konnten wir einen erfolgreichen Abend gestalten. Zukünftige Engagements des überspannten Agenten blieben jedoch merkwürdigerweise aus.

# DAS GEHEIMNIS DES OTTO WAALKES

Wir spielten im Hotel Almrausch in Reit im Winkl. Es war eine erholsame Zeit: tagsüber Skifahren, abends Musik spielen, danach oder an freien Tagen im Ort rumhängen. Man hielt sich entweder in der Disco auf, in der »Post« zum bayerischen Abend oder im »Kuhstall«, dem Lokal von Maria Hellwig, wo immer ein Alleinunterhalter spielte.

Eines Abends beehrte uns Otto Waalkes im Almrausch, hörte eine Zeit lang zu und verabschiedete sich alsbald wieder. Später, in der Disco, habe ich ihn nochmal getroffen und er meinte gleich: »Vorhin habe ich im Almrausch eure Muppet-Show gesehen. Hihihi!« Ich glaube, das war nicht als Kompliment gemeint, aber ich amüsierte mich köstlich darüber. Der Abend war dann noch ziemlich schrill. Otto und sein Techniker, der genauso schräg drauf war, gaben alles.

Am nächsten Morgen traf ich Otto, der ein exzellenter Skiläufer war, auf der Piste wieder, wo er nichts anderes zu tun hatte, als mit den Stöcken zwischen den Beinen, staksigen Verrenkungen und ein paar lustigen Sprüchen die Abfahrt zu meistern.

Seither weiß ich, dass bei diesem witzigen Menschen alles echt ist. Er muss sich nicht verstellen und er macht keinen Unterschied zwischen der Bühne und wahrem Leben, weil er nicht anders kann. Alles ist nur ein einziger Slapstick. Ich glaube, das ist das Geheimnis seines Erfolgs.

# CHET BAKER
# UND DAS VERNEBELTE GEHÖR

Hans »Dottler« Laib, das schrullige Urgestein aus Mannheim, war in seiner Glanzzeit zum besten Saxophonisten Deutschlands gewählt worden und spielte unter anderem bei Kurt Edelhagen. Lionel Hampton wollte ihn in die USA mitnehmen, was er aus unerfindlichen Gründen ablehnte.

Ich habe einige Male mit ihm gespielt, was mir sehr nachhaltig in Erinnerung geblieben ist. Sein Stil konnte man in etwa mit dem Dexter Gordons vergleichen. Bezeichnend war auch seine Stimme. Wenn er redete, war es wie eine Mischung aus Miles Davis und Joe Cocker.

Im winzigen Jazzcorner in Mannheim trat eines Abends Chet Baker, einer der besten Jazztrompeter des letzten Jahrhunderts, mit seinem eindrucksvollen Trio auf. Selbstverständlich musste ich mir das an vorderster Front anhören und pilgerte dahin. Derart hautnah gab es solche Weltstars selten zu sehen. Chet Baker sang und spielte über die Stereoanlage des Hauses und benutzte zu allem Überdruss ein billiges Plastikmikrofon mit Schaumstoffkappe. Der Sound erinnerte an einen Losverkäufer auf der Kirmes.

Trotzdem war seine Musik von unglaublicher Schönheit. Der Sound konnte ihm nichts anhaben. Im Gegenteil, er verwendete diese Beschallungskatastrophe auf geniale Weise als Stilmittel. Der junge französische Pianist spielte auf Weltklasseniveau, begleitete einfühlsam und brillierte bei seinen Soli. Ich hatte einen Platz direkt neben dem Flügel und konnte folgende Szene aus nächster Nähe beobachten.

Dottler war als Gast anwesend. Mit Promille, augenscheinlich jenseits aller meiner damaligen Mutmaßungen, hörte er eine Weile zu und pöbelte plötzlich den Pianisten während eines Solos an: »Harmonie, Männel, kään

Freejazz, Dappschädel hämma selwer!« Auf Deutsch: »Harmonien, junger Mann, kein Freejazz, Deppen haben wir selbst!«

Woraufhin Chet Baker hinzueilte, Dottler auf die Schulter klopfte und ihn in nettem Ton anhielt: »Hey, be a good boy!« Unser Mannheimer Original begriff und setzte sich. Außer mir hatte niemand verstanden, was der kauzige Ausnahme-Saxophonist da von sich gegeben hatte. Dazu musste man nahe am Geschehen und echter Kurpfälzer sein. Höflich war es gewiss in keiner Sprache.

Ich wusste ja von Dottlers zeitweiligen Ausfallerscheinungen und war deshalb nicht sonderlich überrascht, aber hier scheint er einen anderen Musiker gehört zu haben als ich. Man muss es ihm nachsehen. Offensichtlich war sein Gehör vernebelt.

# HOWARD CARPENDALES CELLO

Unterwegs mit »Howie« spielten wir in einer mittelgroßen Halle. Die Stücke waren nicht sonderlich schwer, hatten aber ihre kleinen Tücken.

Unser Gitarrist Wolfram Seifert musste beispielsweise bei »Tür an Tür mit Alice« circa fünf Minuten lang einen F-Dur Akkord schrubben, bis Howard seine Rede beendet hatte. Mit der Zeit wurden die Finger lahm und er bekam einen Krampf im Unterarm, aber er hielt durch, bis der Sänger die erlösende Melodie anstimmte und er einen anderen Akkord spielen konnte.

Der Song »Dann geh doch« hatte ähnliche Fallstricke für mich, den Keyboarder. Man hat ewig lang nichts zu spielen, bis dann vier Töne mit einem Cello-Sound in der richtigen, aber eher verhaltenen Lautstärke und nur mit Gitarrenbegleitung erklingen müssen. Auf weiter

Flur nichts als leise Gitarre und dann ein ge-
dankenverlorenes Cello.

Dieses Mal, kurz vor meinem Einsatz, rutschte ich mit dem Fuß auf dem Lautstärke-pedal ab und die vier Cellotöne stolperten mit brachialer Lautstärke in den Saal.

Howie erschrak und unser Dirigent und musikalischer Leiter, Elmar Kast, sah mich an und sein Mund öffnete sich langsam, wie in Zeitlupe, bis die Kinnlade am Anschlag war, während er automatisch weiterdirigierte. Er war dermaßen erschrocken, dass er den Mund so lange offenließ, bis ich vor Lachen nicht mehr konnte. Howie sang: »Dann geh doch«.

Elmars Gesichtsausdruck habe ich bis heute nicht vergessen.

# EINBRUCH IN DÜSSELDORF

# GEFÄHRLICHE ALTSTADT

Die Bolkerstraße in der Fußgängerzone von Düsseldorf erinnerte an einen Ameisenhaufen. Menschen, wo man hinschaute. Mittendrin die Gartenlaube, ein Tanzlokal, in dem wir täglich spielten. Das taten wir zwei oder dreimal, jeweils einen Monat lang. Es war für uns immer kurzweilig, da reger Publikumsverkehr herrschte und wir dort mit unserem Programm sehr gut ankamen.

Jahre später hatten wir, allerdings mit einer anderen Band, einen neuen Vertrag mit dem Besitzer abgeschlossen und reisten am Vortag vor Spielbeginn an. Ein Angestellter öffnete uns und wir bauten die Instrumente auf. Am nächsten Tag sollte es losgehen. Über dem Lokal bezogen wir eine Wohnung, in der wir während unseres Engagements wohnen konnten.

Am nächsten Tag erschienen wir rechtzeitig

vor dem Lokal, das zu unserem Entsetzen inzwischen vom Ordnungsamt geschlossen worden war.

Der Kneipenbesitzer Mohammed A., ein Marokkaner, dessen Namen ich nie vergessen werde, war Boxer und, wie wir gehört hatten, Zuhälter, der sich bei Auseinandersetzungen im Lokal schon mal persönlich Respekt verschaffte, indem er kurzerhand die Aufrührer zu Sparringspartnern machte. Außerdem betrieb er einige Hotels in Marokko. Rolex, großer Benz, Goldkette, alle Klischees waren im Übermaß vorhanden.

Ihn und den damaligen Geschäftsführer konnten wir nicht erreichen. Deshalb verbrachten wir den Abend in der Wohnung und versuchten am nächsten Morgen, Licht in das Dunkel zu bringen.

Das Ordnungsamt teilte uns auf Anfrage mit, dass keine Chance bestünde, das Lokal wieder zu öffnen.

Dadurch war für uns logischerweise der ganze Monat verloren. Außerdem kamen wir nicht an unsere Instrumente, weil diese ja in einem vom Ordnungsamt verschlossenen Raum standen und nicht herausgegeben werden durften.

Ohne Instrumente konnten wir aber selbst anderweitig nicht spielen, deshalb fassten wir einen waghalsigen Entschluss. In direkter Nachbarschaft zur Gartenlaube, im Souterrain, befand sich die Diskothek »Soulcenter«. Diese war nur durch eine Stahltür vom Keller »unseres« Lokals getrennt. Wie wir das anstellten, weiß ich nicht mehr, aber wir schafften es, bei Nacht und Nebel, unter mitleidigem Wegschauen des Besitzers des Soulcenters, dort »einzubrechen« und klammheimlich unsere Instrumente in Sicherheit zu bringen. Wir wussten uns nicht anders zu helfen. Rechtlich gesehen war das eine Straftat, aber wir waren uns keiner Schuld bewusst, sondern sahen uns als Opfer infamer Menschen und widriger Umstände. Zudem heiligte der Zweck die Mittel, zumindest für uns.

Vom Inhaber der Gartenlaube war auch am

nächsten Tag nichts zu sehen und zu hören. In letzter Konsequenz wurden wir auf dem Ordnungsamt vorstellig. Der zuständige Herr erwies sich als verständnisvoll und wollte auch gar nichts von der nächtlichen Wiederbeschaffungsmaßnahme wissen.

Er hörte sich unsere Story an und beschloss, uns zu helfen, weil wir ihm vom Verdienstausfall erzählt hatten und wir ihm leidtaten. Daraufhin wurden wir Zeuge eines denkwürdigen Telefonats. Er rief einen Diskothekenbesitzer in der Altstadt an, hundert Meter von der Gartenlaube entfernt, und machte ihm mit Nachdruck klar, dass er am darauffolgenden Abend eine Band brauche. Die Vergütung sei 800,- DM für vier Musiker und dies wäre sofort in bar zu entrichten.

Am nächsten Abend traten wir tatsächlich in der besagten Diskothek auf. Diese war als Atrium mit Galerien über drei Stockwerke aufgeteilt. Da wir oben in der dritten Etage aufgebaut hatten, konnten uns die Gäste nicht direkt sehen und haben größtenteils nicht bemerkt, dass überhaupt eine Band spielte. Viele wunderten sich, nachdem sie unsere Ansagen hörten, dass oben vier Musiker werkelten. Der Überraschungseffekt kam uns zugute und wir bekamen viel anerkennenden Zuspruch.

Den Abend brachten wir erfolgreich hinter uns, kassierten unsere Gage und schleppten die Instrumente wieder quer über die Straße in die Wohnung über der Gartenlaube.

In diesem Monat war kein weiteres Ersatzengagement aufzutreiben und wir versuchten es sogar als Straßenmusiker, was dort nicht so einträglich war. In der Altstadt konnte man nur mit Dixieland punkten, was wir gar nicht draufhatten.

Wir versuchten immer wieder, Mohammed A. zu erreichen, was uns sogar einmal gelang. Wir trafen ihn persönlich und stellten ihn vorsichtig (Boxer) zur Rede. Er wies jede Schuld von sich und beschuldigte das Ordnungsamt als Urheber allen Übels. Nach längerem Wortwechsel öffnete er dann gönnerhaft seine dicke, vor Geld triefende Brieftasche und gab uns 200,- DM.

Am Ende reisten wir ab und gingen vor Gericht, es handelte sich ja um die Monatsgage für vier Musiker. Vertrag hin oder her, die Klage ging aus wie das Hornberger Schießen. Der Mann mit der goldenen Rolex lebte inzwischen wieder in Marokko und war nicht mehr zu belangen - dumm gelaufen.

# MIT
# MARLÈNE CHARELL
# IN LONDON

# ENGLISCHES MUSETTE

Für Aufnahmen mit Marlène Charell hielten wir uns drei Tage lang in London auf. Unser Bandleader Günther, drei Sängerinnen und ich. Meine Aufgabe war es, in einem französischen Medley ein paar Melodien und improvisierte, schnelle Läufe auf dem Musette-Akkordeon zu spielen. Da ich seit meiner Kindheit mit dem Instrument zu tun hatte war mir diese Stilart geläufig, unserer Nähe zu Frankreich sei Dank. Ich hatte auch zu Hause geübt, war entspannt und guter Dinge.

Marlène, ehemaliger Lido-Star, war eine Ikone im Showbusiness. Es gab keine große TV-Show in der sie nicht moderierte, tanzte oder sang – die Lena Gercke der 80er, um sie annähernd zu beschreiben. Lange blonde Haare und Beine bis zum Himmel sind heute noch ihre Markenzeichen. Sie und ihr Mann Roger

Pappini waren ein Paar zum Knuddeln. Er nannte mich immer Bud Spencer, was mit seinem französischen Akzent wirklich drollig klang.

Als ich einmal mit nagelneuen, auffällig karierten Hosen zum Gig kam, musterte er mich fragend: »Bud Spencer, bist Du reich geworden?«

Marlène aß öfter mal ein Schnitzel in der Musikergarderobe, von Diva keine Spur. Sie und Roger waren absolut »down to earth« und wir fühlten uns immer wohl in ihrer Gegenwart.

Ich habe noch eine sehr intensive Erinnerung an Marlènes Geruch, so seltsam das auch klingen mag. Als wir die beiden in London im Hotelzimmer besuchten, fiel mir sofort ihr angenehmes Parfum auf, das mir damals völlig fremd war. Im Bad entdeckte ich dann ein Flacon Poison von Dior, zu dieser Zeit noch vollkommen unbekannt. Leider wurde der Duft schnell populär und auch etwas überstrapaziert. Jedenfalls ist dieses Parfum für mich heute noch untrennbar mit Marlène Charell verbunden – eine schöne Erinnerung, wie ich finde.

Während unseres Aufenthalts wohnten wir im äußerst noblen Sheraton Park Tower. Ich hatte eine Suite für mich allein und fühlte mich wie der Sultan von Brunei. Das Wetter war nicht sehr einladend, also blieben wir abends alle im Hotel, was mir bei dieser Herberge nicht sonderlich schwerfiel.

Der Versuch, im hauseigenen Restaurant zu speisen, scheiterte am Fehlen einer Krawatte. Für eine Leihkrawatte fehlte uns aber der Humor. Wir bemühten folglich, jeder für sich, den Zimmerservice. Ich bestellte mir ein indisches Menü. Unter der silbernen Haube, die der livrierte Bedienstete wenig später vom Teller hob, befand sich ein köstliches Curry, das ich so in England nicht erwartet hätte.

Am nächsten Morgen fuhren wir in die CTS-Studios nach Wembley. Alles an diesem Ort war riesig und imposant; die Räume, die Mischpulte, einfach alles. Filme wie »Gandhi«,

»Das Omen«, »Batman«, »Der letzte Kaiser«, »James Bond« und viele andere Filmklassiker waren dort schon vertont worden.

Es gab sogar einen englischen Regisseur für unsere Produktion. Dieser hatte für Marlènes Musik eine Medium Band, genauer gesagt eine reduzierte Big Band, einbestellt, die drei Medleys einspielte. Wir mussten solange warten.

Währenddessen bat mich Charles Lewinsky, der Schweizer Drehbuchautor und Schriftsteller, der viele bekannte Fernsehsendungen textete und auch hier mitwirkte, ihm beim Umtexten vom »Münchner Hofbräuhaus« zu helfen, was ich gerne tat. Wir schafften es gemeinsam in kurzer Zeit, dem Lied einen neuen Sinn zu geben.

Die Band war fertig mit den Aufnahmen und ich war an der Reihe mit Akkordeoneinspielungen, als mir der Regisseur eröffnete, dass dies der Pianist der Big Band mit dem Keyboard übernehmen würde. Was ihn da geritten hatte, weiß ich bis heute nicht. Entweder war ich ihm zu dilettantisch oder der

Synthesizer war gerade fertig angeschlossen und das Akkordeon hätte man ja erst noch aussteuern müssen. Ich musste jedenfalls mein Instrument nicht einmal auspacken.

Auch recht, dachte ich mir, und freute mich auf mein nächstes Curry im Sheraton.

Leidtragende des Ganzen war Marlène. Sie war überhaupt nicht begeistert von dem Synthesizer-Akkordeon. Es klang aufgesetzt und steif, nicht authentisch. Aber es war nicht unbedingt der Sound, sondern die Spielweise, die mit Musette so viel zu tun hatte wie Justin Bieber mit Oscar Peterson.

Ich konnte es mir nicht verkneifen: »Engländer und französischer Charme sind halt zweierlei Paar Stiefel«, sagte ich im Nachhinein zu Marlène, die mir enttäuscht recht gab.

# DER WANDERNDE DUDELSACK

Toningenieur an den drei Tagen war Richard Lush, genannt »Dick«, der schon mit den Beatles »Sgt. Pepper's Lonely Hearts Club Band« aufgenommen hatte. Er wusste herrliche Stories zu erzählen, wie zum Beispiel diese:

Eines Tages mussten sie einen Dudelsackspieler aufnehmen. Wegen der Akustik stellten sie das Mikrofon in den großen Saal, in den ein ganzes Sinfonieorchester mit 130 Musikern passt.

Zur Aufnahme hatte sich der Dudelsackspieler umgezogen, traditionell und gewissenhaft mit Kilt und allem, was dazugehört. Das allein war schon etwas befremdlich. Dann stand er vor dem Mikrofon, das man vorher genau auf ihn und seinen Dudelsack ausgerichtet hatte, um den bestmöglichen Sound zu gewährleisten.

Alles war bereit und der Tonmeister fragte den konzentrierten Solisten: »Fertig?« Nach bejahendem Nicken des Schotten: »Aufnahme!«

Der Mann fing an zu spielen und marschierte los durch das ganze Studio. Es dauerte eine Weile, bis sie ihn wieder »einfangen« konnten. Nach kurzer Belehrung über den Sinn der Mikrofonpositionierung war er dann einsichtig und blieb bei der nächsten Aufnahme stehen.

# DER HOCHPROZENTIGE
# FRIEDHOFSWÄRTER

# THOMAS' GRUFTMUCKE

D er blonde Hüne aus dem Norden
lebte einige Jahre in den USA, um
Trompete zu studieren, machte dort
seinen Bachelor of Music & Arts und konnte
währenddessen mit vielen namhaften Künstlern zusammenarbeiten.

Nach seinem Abschluss kam er wieder zurück nach Deutschland und trat hier mit bekannten Big Bands und Salsa-Bands auf. Ken-
nengelernt habe ich ihn, als wir zusammen bei
»Salsa Panamericana« spielten.

Eines Tages wurde er gebeten »Il Silenzio«
während einer Beerdigung zu spielen. Thomas
sagte zu. Am besagten Tag fuhr er zum Friedhof und suchte die Grabstätte. Als er schließlich fündig wurde, war kein Mensch dort zu
sehen.

Zufälligerweise traf er den Friedhofswärter
und fragte nach der Trauerfeier. Der Mann

machte ihm klar, dass er eine Stunde zu früh dran sei. Was sollte er nun machen in dieser Eiseskälte? Er fror, es war ja mitten im Winter.

Der Wärter aber hatte ein Herz und nahm ihn kurzentschlossen mit in seinen Geräteschuppen, wo er gleich einen selbstgebrannten Schnaps ausschenkte. Das wärmte die beiden nur kurzfristig auf und musste deswegen ein paar Mal wiederholt werden. So ließ es sich aushalten. Der Alkohol zeigte seine Wirkung und die Stunde war schnell vorüber.

Der Moment kam, als sich die Trauergemeinde am Grab des Verstorbenen einfand. Thomas stand da und wartete auf ein Zeichen des Pfarrers. Als dieser ihm nach einiger Zeit andächtig zunickte, setzte er seine Trompete zum Spielen an und plötzlich war »Il Silenzio« verschwunden. Sein Kopf war leer und er konnte sich nicht mehr an die Melodie erinnern. Eine Katastrophe. Alles, was er zu tun hatte, war dieses einfache Lied zu spielen und er hatte es vergessen.

Es half nichts. Er musste sich was einfallen

lassen. Intuitiv spielte er drauf los und improvisierte, was er ja im Grunde genommen am
besten konnte. Langsam wurde so aus der an-
dächtigen »Gruftmucke« ein kleines Jazzkonzert. Thomas fror nicht mehr, der Pfarrer
nickte anerkennend und den Trauergästen
hat's gefallen.

# HIPPIES, HANF UND HAPPENINGS

# DER ZERSTÖRTE SESSEL

Wir waren zwischen fünfzehn und achtzehn Jahre alt und hatten lange Haare. Wie alle damals, gründeten wir eine Band. Hans, Werner und ich. Ein Proberaum war idealerweise daheim bei Hans eingerichtet, der in der Speyerer Schiffswerft wohnte. Alles wurde ausprobiert. Alle Stilrichtungen und Besetzungen. Ich spielte mal Orgel, mal Gitarre. Es war ein heilloses Durcheinander, sowohl im Keller als auch in unseren Köpfen. Einer war verrückter als der andere.

Dann kam der Tag, an dem wir die Schnauze von Gott und der Welt voll hatten. Hans hatte von sogenannten Happenings gehört und dass dies etwas Cooles sei. Wir beschlossen, eines zu veranstalten – ohne Publikum.

Für uns war es die höchste Form der Improvisation. Wir spielten und schlugen dann den gesamten Proberaum kurz und klein. Speziell der alte Sessel musste leiden. Die Instrumente ließen wir, Gott sei Dank, in Ruhe.

Es war wahrhaftig eine Befreiung unserer kleinbürgerlichen Seelen, die bis heute anhält – nicht mehr und nicht weniger.

# FLINS FLIP,
## DER RASENDE CINQUECENTO

Hans' Auto, ein 500er Fiat, hieß Flins Flip, genau wie unsere Band. Mit dem fuhren wir gelegentlich durch die Stadt. Hans fuhr, Werner und ich ragten oben aus dem Dach heraus. Wir fanden das lustig.

Einmal stand ein LKW längs einer Hauswand. Hans war in solchen Dingen kompromisslos und kündigte an, trotz unseres lauten Vetos, durch diese winzige Lücke zwischen LKW und Wand zu fahren. »Das passt«, so seine siegessichere Ansage.

Er fackelte nicht lange und gab Gas, sodass wir unweigerlich dem Tod ins Auge sahen. Am Ende der Durchfahrt schleifte er links und rechts entlang der Hindernisse auf beiden Seiten und beförderte seinen 500er mit einem Riesenkrach wieder ins Freie. Der Fiat und unsere Psyche waren leicht lädiert.

# GRAS, WHISKY UND
# EINE ROLLE RÜCKWÄRTS

Das Picknick am Rhein in Speyer war eine von vielen spontanen Partys, die wir andauernd veranstalteten. Wir hatten küchenfertige Grillhähnchen dabei, massenhaft Getränke und Gras zum Rauchen. Ich erinnere mich genau, dass uns die Flammen des Lagerfeuers mannshoch entgegenschlugen. Als wir glaubten, es wäre heiß genug, steckten wir das Geflügel auf Spieße und hielten es über das lodernde Feuer, mit dem Ergebnis, dass die armen Tierchen innen roh waren und außen total verkohlt. Einige der Anwesenden nickten uns gönnerhaft zu: »Das wird schon.«

Vom Glauben abgekommen und frustriert warfen wir das Grillgut in die Ecke und einer drehte einen Joint. Das war damals so üblich und keiner dachte sich was dabei. Die »Tüte« machte die Runde und langsam versiegte der

Frust über das entgangene Essen im Fahrwasser der Flower-Power.

Werner spielte Gitarre und ein weiterer Freund kam vorbei mit einer willkommenen Flasche Whisky. Kaum stand diese da, war sie auch schon offen und ich nahm einige große Schluck, in meinem Kopf immer wieder die Bilder der schwarzverbrannten, rohen Hähnchen.

Am Rande des Platzes hatten wir eine dieser Biergarten-Bänke, wie sie im Festzelt verwendet werden, aufgestellt. Dahinter war eine drei bis vier Meter hohe Böschung, teilweise mit Büschen bewachsen.

Wie man weiß, sind Alkohol und Marihuana zwei Verbündete, die zusammen echte Kinnhaken auf K.-o.-Tropfen-Niveau austeilen können.

Mit mir passierte dagegen etwas Sonderbares. Ich saß auf besagter Bank und urplötzlich überkam mich das Verlangen, rückwärts die Böschung hinunter zu rollen. Ungestüm setzte ich meine Obsession in die Tat um. Keiner schenkte der zirkusreifen Nummer Beachtung. Nachdem ich fünf Minuten später den Abhang wieder raufgeklettert war, setzte ich mich erneut auf die Bank und rollte gleich nochmal rückwärts in die Dunkelheit.

Nun wurden allerdings alle aufmerksam. Als ich wieder auf der Bildfläche erschienen war, fragte mich Werner, was ich denn da tue. Meine Antwort kam wie aus der Pistole geschossen: »Ich rolle rum.«

Sofort begann das Schauspiel von Neuem und ich war wieder weg. Diesen Unsinn hielt ich stundenlang durch. Zwischendurch fragte einer, warum ich nicht damit Schluss mache. »Ich kann nicht«, musste ich entgegnen. Das war die Wahrheit. Ich konnte allen Ernstes nicht aufhören, rückwärts zu rollen. Inzwischen lachte ich mich selbst halbtot über meine Rollkünste und über die anderen, die sich darüber köstlich amüsierten.

Bald wurde mein Drang zur Routine und keiner wunderte sich mehr über den vorbeirollenden Sailer. Das war so ziemlich die bescheuertste Situation in meiner Hippiezeit. Amüsant war es allemal.

Nach Stunden hörte es dann endlich auf, aber warum und wie es endete, habe ich nicht mehr mitbekommen.

Jeder, der da war, hat diese Geschichte schon in die Welt getragen, vom Sailer, der herumrollte.

# PASOLINIS
# APPETITANREGER

# CHILLEN IN MÜNCHEN

Werner und ich studierten in Bern an der Swiss Jazz School. Einmal, während der gemeinsamen wöchentlichen Fahrt in die Schweiz, schauten wir beide gleichzeitig auf das Autobahnschild, das in Richtung München verwies.

Wir waren bereits eine Stunde unterwegs und hatten beide keine Lust aufs Studieren. Also bogen wir wortlos ab Richtung Freistaat.

In München angekommen wollten wir ein paar Freunde besuchen. Weil es damals noch keine Handys gab, nahmen wir die nächste Telefonzelle in Beschlag und kontaktierten alle Musikerhaushalte in der Umgebung. Leider hatten wir Pech und keiner war zu Hause.

War der weite Weg umsonst gewesen? In München ließ sich das leicht mit »nein« beantworten.

Abenteuerlustig schlenderten wir durch die

Straßen und fanden schließlich ein kleines Kino, in dem sie Pasolinis »120 Tage von Sodom« spielten. Der Film war damals in aller Munde, weil er teilweise verboten wurde. Sogar heute noch unterliegt er der Zensur. »Einen totalen Verfall der Scham und des Ekelgefühls« schrieb Die Welt, die darüber hinaus den Film auch als ein »Symptom der Krankheit zum Tode Westeuropas« bezeichnete.

Grund genug für zwei Anarchisten wie uns, das Kino zu besuchen. Es war halb besetzt. Pasolinis düstere Weltanschauung erhellte nicht gerade die Stimmung und der Film steigerte sich langsam in unermessliche Grausamkeiten und ekelhafte Darstellungen menschlicher Entgleisungen.

Ein Zuschauer nach dem anderen verließ angewidert das Kino. Einer kotzte noch, bevor er die Tür erreichen konnte, auf den dunklen Plüschteppich. Werner und ich verfolgten als einzige Gäste den Abspann und bekamen beide gleichzeitig Hunger.

Wir verließen das Kino in Richtung nächst-

liegender Pizzeria und konnten gar nicht verstehen, warum andere Menschen so empfind-
lich auf Kot, Blut und Folter reagieren.

# DER KOPF DES
# MUSIKERS

# ANATOMISCHE
# BETRACHTUNGEN

Der Kopf des Musikers hat einen Inhalt. Dieser setzt sich zusammen aus einem Gehirn und Luft. Wenn die Luft entweicht, nennt man das Niesen. Es gibt viele verschiedene Kopfformen, die entweder den ethnischen Ursprung oder Charakterzüge aufzeigen. Sieht man sich beispielsweise meinen Kopf an, würde man assoziieren: Pfalz, Riesling, Handwerk. Bei näherer Betrachtung: mäßige Bildung, Choleriker, Alkohol, Kettenraucher, eventuell gewalttätig.

Tatsache ist aber, dass ich nicht rauche. Die Fehlerquote ist, wie man sieht, tendenziell nicht berechenbar.

Man braucht Muse, um sich mit musikalischen Köpfen zu beschäftigen, vor allem dann, wenn man mit ihnen redet. Allzu leicht wird man in einen Strudel von Konversationen gezogen, denen zu entrinnen man sich alsbald nicht mehr in der Lage sieht. Sobald nämlich das Gespräch den Punkt der Interessensüberschneidung hinter sich gelassen hat, gerät die Beurteilung des Kopfes zur Farce. Man dümpelt hinein in einen Glaubenskampf und straft die Wissenschaft Lügen. Solche Gespräche haben in der Vergangenheit Kriege ausgelöst.

Mich haben schon immer verschobene Köpfe interessiert. Hier muss man unterscheiden in statisch oder temporär. Erstere haben Haltungsfehler, meistens an einer Wange oder einem Teil des Mundes, was die Symmetrie des Gesichtes (vorderer Teil des Kopfes) in ein Ungleichmaß bringt. Diese Tatsache macht den Kopf sendungsuntauglich, zumindest im Privatfernsehen.

Die andere Variante hat ihren Ursprung in beabsichtigten oder unbeabsichtigten Zuckungen, die teilweise einen ernsten sozialen Hintergrund haben, wenn nicht gerade ein komplizierter Rhythmus zur Verwendung kommt. Ist ein Kopf in einer hochmotivierten, mit

Philosophie und Kunst beflissenen Familie aufgewachsen, bewirkt das Wort »Currywurst« eine kurze Aufwärtsbewegung einer der beiden Augenbrauen, sei es aus Freude oder herablassender Bezeugung um das Wissen über die Ingredienzien der genannten Substanz. Diese Grimasse ist wiederum absolut fernsehtauglich, auf allen Sendern.

Für einen Kopf, im Randbezirk (neudeutsch: Bronx) aufgewachsen, könnte das Wort Auslöser für beidseitig erhobene Augenbrauen sein, was nun die vertikale Symmetrie stören würde. Also werden die Wangen dazu gepackt. Trotzdem hat man den Eindruck, als ob der Kopf nach oben verschoben wäre, weil dadurch auch der Hals (Haltevorrichtung für den Kopf) länger wird.

Überhaupt ist der Hals als tragendes Element und Ersatzteillager nicht mehr wegzudenken. Säße der Kopf direkt auf dem Rumpf, wo nähme man dann die ganze Haut her, die man zum Liften braucht?

Der Hals hat ein eigentümliches Merkmal:

Er ist dünner als der Kopf – meistens. Bei Politikern ist es manchmal anders. Man nennt dies dann einen dicken Hals, obwohl dieser Ausdruck hauptsächlich in der Thekensprache vorkommt. Hier bezeichnet man damit allerdings einen Gemütszustand. Bei den Politikern nicht.

Mit dem Hals schluckt man alles hinunter, was man vorher durch den Mund (Halseingang) hineingibt. Ab und zu ist es umgekehrt.

Im Übrigen kann man auch Gurgeln damit, d.h. man schluckt das, was man hineingibt, nicht hinunter, sondern versucht oral einen Whirlpool zu simulieren.

Der Hals wird das ein oder andere Mal, teils versehentlich, bei der Körperpflege vernachlässigt. Deswegen gibt es den Hemdkragen.

Einer der großen Vorteile des Halses ist die Griffigkeit, die beim Würgen überaus vorteilhaft ist. Durch seinen verminderten Umfang gegenüber dem Kopf, wird das Abrutschen verhindert, sodass die Würgetätigkeit ohne Unfallgefahr vorgenommen werden kann. Im selben Atemzug möchte ich das Erhängen erwähnen, das durch obengenannte anatomische Gegebenheiten als absolut sicher gilt.

Wir wissen von Reinhold Messmer, dass die Luft oben äußerst dünn ist. Das ist der Grund, warum immer mehr Haare ausfallen, je älter der Kopf wird.

Die Haare sind zunächst dafür gedacht, um gut auszusehen. Später dann, um Falten zu verdecken, die aufgrund pekuniärer Unzulänglichkeiten, besonders bei Jazzmusikern, nicht mit Lifting zu beseitigen waren. Als ausgesprochen hilfreich hat sich hierbei der Pony erwiesen. Der Pony hat über seine, die Stirn abdunkelnde Wirkung hinaus eine weitere, sehr interessante Eigenschaft, nämlich die Verkürzung des Gesichts, meistens um ein Drittel. Das heißt, der Kopf wird scheinbar flacher, was ihm einen virtuell slawischen Charakter verleiht.

Der unter dem Pony in Falten gelegte, obere Teil des Kopfes, die sogenannte Waschbrettstirn, profitiert davon in hohem Maße.

Nun hat der Kopf mitten im Gesicht einen Fortsatz, Nase genannt. Bei Männern soll sich diese angeblich im gleichen Größenverhältnis weiter unten am Körper duplizieren, was zu beweisen wäre.

Die Nase hat die Form einer Anhängerkupplung und kann bedenkenlos dafür verwendet werden, insbesondere nach Volksfesten oder Wahlkampffeiern. Sie reiht sich sogar mitunter bei den verschobenen Köpfen ein. Hier entsteht dann eine originelle, auffällige Asymmetrie. Die Ursachen hierfür sind so vielfältig wie lehrreich. Oft ist der Grund aggressive Manipulation. Man hört mitunter von Stürzen aus einer Höhe von 2 Promille. Zugeschlagene Türen und Genmanipulationen sind weitere Verformungsursachen. Die gerade Nase gibt es ursprünglich nur in Griechenland, weil dort der Ouzo (auch griechisches Koks genannt) mit seinen heilenden Substanzen allgegenwärtig ist. Kurioserweise wird der Ouzo nicht durch die Nase eingezogen, weil man wegen der flüssigen Konsistenz schlecht

Linien legen kann, sondern ganz normal getrunken.

Das Nasenbein verdankt den Namen der Tatsache, dass es standhaft jedes Rümpfen seines Deckmantels pariert. Auffallend oft strapaziert wird es bei Familien, deren Tagesablauf von Anstand beherrscht wird. Dies wird im Besonderen bei der Verwandtschaft klassischer Musiker beobachtet. Schon ein Säuseln, das sich so anhören könnte, als wenn unser stark beanspruchter Enddarm klagend um Auslass fleht, wird mit Nasenrümpfen quittiert. Diese Geste wäre erst nach mentaler Bewilligung des heraufbeschworenen biologischen Prozesses verständlicher. Oftmals wird jedoch der sich ankündigende Ton durch die Sonate Nr. 1 von Johannes Brahms in die Unhörbarkeit verdammt, da sich Musik und Flatulenz sehr ähneln. Man braucht dazu allerdings einen annehmbar spielenden Pianisten, der just in diesem Moment am 2,80 m langen Steinway-Flügel sitzt.

Manche Leute haben rote Nasen. Meistens

sind dies Winzer. Auch Metzger haben manchmal rote Nasen, allerdings aus anderen Gründen.

Viele Menschen, insbesondere Sängerinnen, neigen dazu, sich zu schminken. Das ist eine Eigenart, die man in der Tierwelt nicht findet. Kosmetika wehren keine Stechmücken ab und schützen nicht vor Sonnenbrand. Selbst sehr emanzipierte Frauen tragen ab und zu auf und dann wieder ab. Im Allgemeinen wird der Lippenstift dazu benutzt, Farbe auf die Lippen aufzutragen, immer öfter in Rot. Der Rest des Gesichts wird zuerst mit Tiefengrund bestrichen, worauf dann die Hauptmasse gespachtelt wird. Anschließend wird der inzwischen glänzenden Haut mit Puder eine natürliche Mattigkeit verliehen. Dieser Sichtschutz hält einen Abend lang, ist aber biologisch nicht abbaubar, sodass die armen Kreaturen die ganze Prozedur vor dem Schlafengehen rückgängig machen müssen. In den Garderoben von Sopranistinnen ist meist ein erheblicher Entsorgungsaufwand wegen weggeworfener Papiertücher, herumfliegender Pailletten, abgebrochener Kajalstifte, Wattebäuschen und verbrauchter Lippenstifte von Nöten.

Betrachtet man ein Gesicht, so fällt einem sofort eines auf: Das andere ist nicht so auffällig, da es einem nicht sofort auffällt. Es ist das Gesicht. Das Gesicht ist etwas Einmaliges, außer bei Zwillingen, den sogenannten Urzeit-Clones. Richtet man seinen Blick auf die Kessler-Zwillinge, dann bekommt dieser Begriff nochmal eine ganz neue Qualität.

Der Mundwinkel ist eines der wichtigsten Utensilien in der Showbranche. Wenn der Bluesgitarrist an seiner Saite zieht, kann man genau erkennen, dass diese am unteren Mundwinkel verzurrt ist. Jeder Ton bereitet ihm entsetzliche Qualen. Grundlegend erklärt das die hohen Gagen der Künstler, die intern als Schmerzensgeld abgerechnet werden.

Manche, in der Hauptsache Schlagzeuger, haben die Nick-Maschine im Schuh eingebaut (englisch: Nike). Bei jedem Schritt wird der ganze Kopf zu einem heftigen Nicken veranlasst. Man nennt dies auch Banging.

Verwendbar ist das genauso beim Bremsen im Auto. Doch die öffentliche Anteilnahme ist dabei nicht so groß.

Betrachtet man einen Kopf von hinten, so hat man mitunter uneingeschränkte Sicht auf die Anordnung der Ohren, die links und rechts herausragen und hören, weswegen sie auch so heißen. Die Ohren sind oftmals Brillenträger und/oder dienen zur Aufbewahrung von Schmuckstücken, die teilweise sogar mit Hilfe von vorher gestochenen Löchern eingehängt werden können. Das Ohr als Schnittstelle zum Kopf beim Einführen von Ohrhörern ist ein weiteres Feature der Neuzeit.

Wenn ein Mensch Brille trägt, Ohrringe, sowie Ohrhörer, dann spricht man von hundertprozentiger Ohrauslastung. Die Ressourcenproduktivität ist gewährleistet. In diesem Falle braucht der Mensch keinen Lottogewinn mehr, um glücklich zu sein.

Um diese vielfältige Schmuckanordnung bei einem Ochsen anzuwenden, muss man im

Allgemeinen bis Pfingsten warten. Bei Musikern hat man die ganzjährige Austragung vorgesehen. Es werden dafür keine Steuern verlangt.

So abrupt wie ich dieses Kapitel angefangen habe, ende ich hier und fahre fort mit dem nächsten.

# DINGE, DIE ES NICHT IN DIESES BUCH GESCHAFFT HABEN

# STORYFETZEN

Da war noch diese Kneipe in Odessa, die wir mit unseren georgischen Freunden leergetrunken haben. Eine Sporttasche voller Rubel wurde dabei geopfert.

*

Da war noch das Hotel »After Midnight« in Hamburg, das wir auch leergetrunken haben, während wir uns die Finger auf dem Frosch-klavier wund spielten.

*

Da waren noch diese mausgroßen Kakerlaken im Hotel von Pare-Pare, Sulawesi, die uns ins Freie getrieben hatten, um uns dort der feindlichen Hartherzigkeit der äußerst aggressiven Moskitos auszuliefern.

*

Da war noch der mit dem Sturmgewehr auf

mich zielende deutsche Soldat auf dem Riesenplakat im Mannschaftsbereich des russischen Schiffes.

*

Da war noch der Elefant im Zirkus, der sich freudestrahlend löste, als er gerade über dem Notenpult des Saxophonisten stand.

*

Da war noch Ireen Sheer, die während der Show ihren musikalischen Leiter und Schlagzeuger vorstellte, der dann aufstand und rief: »Ich stehe!« Seine achtbare Geste hätte ob seiner Körpergröße sonst keiner bemerkt.

*

Da war noch der Musiker der Ray Charles Band, der wegen seiner langen Haare nicht nach Singapur einreisen durfte. Erst nach einem Frisörbesuch wurde ihm dies gestattet.

*

Da war noch unser Schlagzeuger, der in Rosenheim völlig betrunken vom Hocker fiel, aber mit dem Fuß weiterspielte.

*

Da war noch die Cannstatter Vasen, als 5.000 junge Leute auf den Tischen standen, ausflippten, sangen und tanzten und der Festwirt plötzlich auf der Bühne rumschrie, wir sollten jetzt gefälligst Stimmung machen.

*

Da war noch meine Kündigung auf Toilettenpapier, die ich dem Bandleader nach der Probe überreichte.

*

Da war noch der Wirt in Garmisch, der uns die Gage für zwei Wochen Musik mit einem Sack voll Kleingeld bezahlte.

# AUFGESCHNAPPT

# ZITATE

»Was sind Sie denn von Beruf?«
»Musiker.«
»Und was arbeiten Sie?«

*

»Und – war's nicht schön?«
»Ja, es war nicht schön.«

*

»Kann man denn davon leben?«

*

»Wer arbeitet hat keine Zeit, um Geld zu verdienen.«

*

»Ich hätte gerne eine Dixieland-Band, aber ein Musiker genügt.«

*

»Der neue Bassist kann ja C-Dur nicht vom Melkschemel unterscheiden, aber daumenmäßig bietet er gut an.«

*

»Die Wahl des Instruments ist entscheidend fürs ganze Leben.«

*

»Salsa ist, wenn viele Menschen trommeln und die Bläser falsch spielen.«

# Index